授業のための 世界地理

［第5版］

地理教育研究会 編

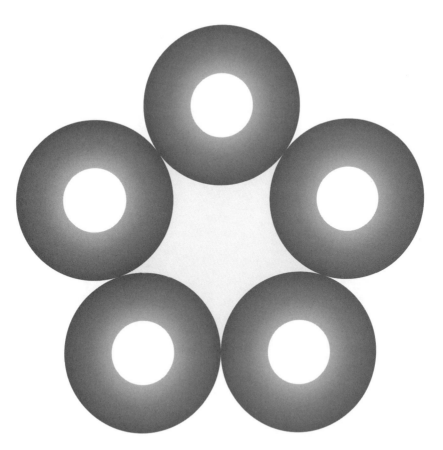

古今書院

まえがき

　地理教育研究会（地教研）は，これまで『授業のための世界地理』（1969年4月）／『新版　授業のための世界地理』（1979年8月）／『90年代　授業のための世界地理』（1994年8月）／『第4版　授業のための世界地理』（2006年3月）をいずれも古今書院から刊行してきた。14年ぶりに第5版の刊行にこぎつけた。

　世界と地理教育をとりまく国内・国際情勢は大きく変化した。2017年に結成60周年を迎えた地教研は，戦後社会科教育の理念にもとづき，人権・平和・民主主義にねざした地理教育を児童生徒とともに創ることに取り組んできた。

　1989年の高校社会科解体に伴って「地理」「世界史」「日本史」からなる地歴科が生まれ，世界史のみが必修となった。その結果地理履修者が激減し，生徒の世界認識にかげりが見られるようになった。

　ようやく2008年中教審答申において，「地理歴史科に関する総合的な科目の設置については，具体的な教育内容の在り方等について今後更に検討する必要がある」との課題が呈せられた。2022年の新課程では高校の社会科系科目は，地理，歴史，公共の3科目に変更された。新しい「必修・地理総合」（2単位）がその要請に応えられるだろうか。

　今回は前書と構成を少し変えて，

　第Ⅰ部　世界地理の教育

　第Ⅱ部　現代の世界

　　1. 現代世界の構造　2. 地図　3. 地球環境問題　4. 持続可能な開発のための教育（ESD）

　第Ⅲ部　世界の諸地域

　　1. アジア　2. アフリカ　3. ヨーロッパ　4. 北アメリカ　5. 中南アメリカ　6. オセアニア

とした。Ⅰ・Ⅱ部を系統的な理論編，Ⅲ部を地誌内容とした。地教研の主な理念である地誌に重きを置いているのは従来通りである。Ⅱ部に多彩な執筆者を迎えささやかな特徴を持たせたが，読者の評価を待ちたい。

　このシリーズの読者は，小学校・中学校・高校の教員や，教員をめざす学生などであった。本書も主な読者対象を教員・学生においているが，現代世界の実像を一冊にまとめた本として，多くの市民に購読していただければと思う。

　2020年に蔓延した「新型コロナ禍」による世界情勢の大きな変化はほとんど取り入れなかった。今後の報告を待ちたい。

　最後に，本書の執筆にあたり，多くの方々の研究成果を利用させていただいたことをお伝えし，謝辞にかえたい。

2020年6月

『第5版　授業のための世界地理』編集委員会

目　次

第Ⅰ部　世界地理の教育

1．地理総合時代の世界地理学習

　2017・2018 年の学習指導要領改訂では，知識獲得を目指した教育内容教授中心の教育から，学習過程で獲得した「知識・技能」，「思考力・判断力・表現力等」を活用して，よりよく生きていくための「学びに向かう力・人間性等」の資質・能力の育成を基盤とした教育への転換が謳われている。その象徴的な存在が，高校において必履修科目として新設された地理総合である。地理総合は，小・中学校での地理学習を踏まえ，選択科目である地理探究へと深化・発展させる系統的な地理カリキュラムの中核を担う科目として期待が寄せられている。

　これまで学習指導要領はほぼ 10 年の周期で改訂されてきた[1]。本章では，近年における学習指導要領改訂と地理教育の動向を，その変化がもっとも顕著であった中学校地理的分野を中心に振り返ることにより世界地理学習の課題を整理し，それらを踏まえてこれからのあり方を展望することにする[2]。

2．地理教育の 30 年と世界地理学習

(1) 世界地理学習の推移
①前史としての 1977 年版
　中学校における世界地理学習の変化を理解するには，日本が高度経済成長期から低成長期へと推移していった時期の 1977 年改訂にまで遡る必要がある。

　1977 年版は「ゆとりと充実」というキャッチフレーズが示すように，高度経済成長期の知識詰め込み型教育からの転換が図られた。具体的には，基礎的・基本的事項を確実に獲得できるように教育内容を精選し，授業時数の削減を行った。中学校社会科の場合，地理的分野は年間 140 時間→ 140 時間と変化がなかったが，歴史的分野 175 時間→ 140 時間，公民的分野 140 時間→ 105 時間と大幅に減少した。こうした教育内容と授業時数の削減に対して地理教育では，小・中・高における教育内容の見直しにより対応した。例えば，小学校 6 年に配置されていた「世界の諸地域」の学習がなくなり，削除された内容を中学校地理的分野で引き受ける形で世界地理先習になった。従来から中学校では，身近な地域→日本地理→世界地理という同心円的拡大原理による内容配列であったが，以後の改訂では世界→日本という並び順が踏襲されていくことになった。

② 1989 年版
　学力観の転換がさらに前進したのが 1989 年版であり，従来の知識偏重の「古い学力観」から脱却し，学習者の主体性を重視した「新しい学力観」が標榜された。そこでは，子どもたちの積極的な授業参加が目指され，作業的・体験的な学習活動の導入や問題解決的な学習が奨励された。中学校においては，生徒の主体的な学習を保障するために選択教科（105

～ 280 時間）が新設され, 公民的分野の授業時数が 105 ～ 140 時間と選択的な運用となった。

　この改訂では地理的分野で大きな変化が見られた。それは, 世界地理学習における学習内容の選択的扱いである。「世界とその諸地域」では, 世界を大観させる学習に続けて, 世界の諸地域の中からいくつかの地域（おおむね 2 ～ 3 の地域）を選んで学習することになった。この地域の選択的扱いの導入には次のような背景があった。限られた授業時数で刻々と変化する世界各地の地理的事象をくまなく学習することは不可能である。一方, 地誌学習の目的は地域の特色を解明することにある。そうであるならば, 地域性の異なる 2 ～ 3 の事例地域を学習することにより, 地域の特色（地域性）を明らかにする視点や方法（地理的な見方・考え方）を身に付けさせ, それを応用することによって未学習地域も自学できるであろうという仮説に立っている。換言すれば, 地域の選択的扱いは, より普遍的な学力である地理的な見方・考え方の転移力を構成原理とした地理カリキュラムであったといえる。

　すべての地域を学ばない地誌学習のあり方は, それ以後の地理カリキュラム編制に大きな一石を投じた。ただし, 各教科書がいずれも指定された倍の地域（6 地域）を事例として記載したため, 多くを教えることにこだわった社会科教師は, 6 地域すべてを扱う場合が多かった。このような実践動向を踏まえると, 高校入試の圧力のもと永らく知識教授に重点をおいてきた中学校では, 「新しい学力観」への転換は容易でなかったことが窺える。

③ 1998 年版

　1998 年版は, 「新しい学力観」から「生きる力」へとグレード・アップし, 子どもたちが自ら課題を見いだし, 自ら学び, 考え, 判断し, よりよく問題解決する資質・能力の育成が目指された。他方, 1998 年版は学校週 5 日制完全実施（2002 年）を前提に作成されたため, 授業時数の大幅な削減が行われ, 教育内容の縮減と基礎・基本の徹底が図られた。

　社会科では, 地理 105 時間, 歴史 105 時間, 公民 85 時間とそれぞれ従前の約 4 分の 3 に削減された。こうした授業時数の削減に対して, 地理の場合はカリキュラム構成原理の転換, すなわち地誌学習から地理的な見方・考え方, 学び方（地理的技能）学習への転換という大胆な改革を断行したのである。中学校における地理学習は, 初期社会科期も含めて実質的には地誌学習を基調としてきた。しかし, 授業時数の削減により, 従来のように世界と日本にかかわるすべての地域を学習することは不可能になった。そうであるならば, 全てを教えるという発想を根本的に転換し, 1989 年版の学習内容の選択的履修の考え方, すなわち地理的な見方・考え方, 学び方という学力の転移を構成原理とした地理カリキュラムを構想したのである。

　その結果, 世界地理学習は, 世界を大観した後に, 3 つ程度の国・地域を生徒自身が調べる学習へと転換した。この学習で求められたのは, 地理的な見方・考え方という視点や方法, 地図の読図・作図, 地域調査の手法等の地理的技能の習得であった。そこでは地域的特色（教育内容）を学習することが目的なのではなく, あくまでも事例を通した視点や方法, 技能の習得が主眼とされた。

　こうした改変は, 従来の平板な地誌学習, 知識注入型授業観からの転換, 急激に変化する社会状況や生涯学習社会に対応した資質・能力の育成という面において評価できる面も

あったが，地理教育界の内外からは「内容を学ばない地理学習」と揶揄され，いわゆる「ゆとり教育」批判の矢面に立たされてしまった。

④ 2008 年版

　1998 年版の地理学習は内容知と方法知の統一的獲得を目指していた[3]。しかし，文科省の思惑は中学校現場に伝わらなかったばかりでなく，地理担当教師を大混乱に陥れた。なぜならば，授業時数の大幅な削減の中，手間のかかる調べ学習を実施する時間枠を見いだすことは従来以上に困難であった。加えて，高校入試圧力は相変わらず高い壁として存在し，社会科教師は「社会科は内容（知識）を教える教科」という授業観から容易に脱却できなかったのである。

　1998 年版における過度な内容精選による学力低下が社会問題化する中で，2008 年版では「揺り戻し」的な改革が行われた。地理的分野では，授業時数を 105 → 120 時間と増やし，カリキュラム構成原理を従前の地誌学習に戻した[4]。

　ここで確認しておくべきは，地誌学習への回帰は低学力批判に対応する形で導入されたものであるが，1998 年版改訂の趣旨を継承している点である。2008 年版では，社会科は，「知識基盤社会化やグローバル化が進む時代である今こそ，世界や日本に関する基礎的教養を培い，国際社会に主体的に生き，公的な事柄に自ら参画していく資質や能力を育成する」[5]ことが必要であるという認識に立っている。地理学習においてそのような資質・能力を育成するには，従来のような羅列的・網羅的な知識獲得に偏った静態地誌学習では達成できない。そこで導入されたのが，世界地理学習における適切な主題を設定した地誌学習であり，日本地理学習における中核テーマによる動態地誌学習であった。こうした動態地誌的な学習[6]は，従来の平板な地誌学習を克服するだけでなく，地域の特色を学ぶという地誌学習の本来の目的に照らしても有効であった。また，地域を構成する要素間の関係性を解明し，複雑な現代世界の諸相を構造化して読み解くことを可能にするなどの優位性も備えていた。

　以上のように，2008 年版は 1998 年版の延長線上に位置づき，1998 年版が為し得なかった内容知と方法知の統一的展開，系統主義的な内容構成と経験主義的な学びの過程を止揚することを目指していたのである[7]。

⑤ 2017 年版

　冒頭に紹介したように，2017 年版は「知識・技能」「思考力・判断力・表現力等」「学びに向かう力・人間性等」を育成すべき資質・能力の 3 つの柱として明記し，「教科固有な内容と汎用的な資質・能力を結び付け，両者の調和的で一体的な実現を目指すこと」[8]が目指されている。ここでいう教科固有の内容とは，その教科等の特質に応じた「見方・考え方」のことである。地理の場合は，「地理的な見方・考え方」を「社会的事象を，位置や空間的な広がりに着目して捉え，地域の環境条件や地域間の結び付きなどの地域という枠組みの中で，人間の営みと関連付けること」[9]と定義づけ，位置や分布，場所，人間と自然の相互依存関係，空間的相互依存作用，地域という 5 つの視点を提示している。

　中学校地理的分野はほぼ 2008 年版を踏襲した。世界地理学習に限ると，カリキュラム構成原理は地誌学習であり，州ごとに主題を設けて単元を構想する主題学習も変化はない。

ただし，従前と異なるのは，地球的課題を主題として設定することを求めている点である。これは，地誌学習の目標である地域的特色の理解の学習を，ESD や SDGs の視点から，持続可能な社会づくりに寄与する学習として展開することを目指したことによる。

(2) 世界地理学習の課題

　以上の考察からも明らかなように，2017 年版は，内容知と方法知の統一的展開や教科固有の学習を通した資質・能力の育成，教科等の本質としての「見方・考え方」の明確化，「主体的・対話的で深い学び」による授業改善等，1989 年版以降の改訂で実現できなかった課題や問題点を洗い出し，それらを克服するための方略を具体的に示している。さらに，グローバル化の進展や ICT 技術の発展等により急激な変化を遂げる現代社会の動向を捉え，未来に生きる子どもたちが身に付けるべき資質・能力を獲得するための教科内容と授業づくりの視点を明示した。

　しかし，そこには世界地理学習を実践する上で克服しなければならない課題が山積していることも確認しておかなければならない。

　その第 1 は，小・中・高を見通した系統的な世界地理カリキュラムをどのように構築するかという課題である。1989 年版以降の学力観の転換により，中学校地理的分野の世界地理学習は，地誌学習（地域の選択的履修）→地理的な見方・考え方，学び方学習→主題を設定した地誌学習（動態地誌的学習）と推移してきた。こうした改変は社会の急激な変化に対応したものであったが，教育現場においてはその趣旨が十分に理解されず，有効に機能してこなかった。2018 年版では高校において必履修科目地理総合が新設されたことにより，小・中・高を見通した系統的な世界地理カリキュラムを構想することが今まで以上に求められている。井田（2018）[10] が指摘するように，小（総合的な地域の学習）→中（地誌学習）→高・地理総合（総合的な主題学習）→高・地理探究（系統地理・地誌学習）のそれぞれの階梯において習得すべき知識・技能や資質・能力を明確にし，系統的な世界地理カリキュラムを構築する必要があるだろう。

　第 2 は，世界地理学習が子どもたちの世界認識や世界観形成にどのように寄与するのかという点である。2017 年版に先立って出された中央教育審議会答申では，急激なグローバル化の進展や ICT 技術の発展により，複雑で変化の激しい現代社会に生きる子どもたちは，「多様な文脈が複雑に入り交じった環境の中でも，場面や状況を理解して自ら目的を設定し，その目的に応じて必要な情報を見いだし，情報を基に深く理解して自分の考えをまとめたり，相手にふさわしい表現を工夫したり，答えのない課題に対して，多様な他者と協働しながら目的に応じた納得解を見いだしたりすること」[11] が求められているとする。当然のことながら，こうした資質・能力の育成には現代世界の正しい知識や理解が前提となる。さらに，世界に生起するさまざまな問題を自分事として捉える当事者意識を涵養することが不可欠であり，世界地理学習は子どもたち一人ひとりの価値観形成の過程として組織されなければならない。

　第 3 は，世界地理学習における学習内容の個別性と全体性をどのように統合するのかという点である。世界地理学習は様々な空間単位に生起する地理的事象（地域事例）を学習対象としている。地域事例は，地域を構成する他の要素や異なる空間単位との関係性を探究する学習過程を経て，その全体構造が明らかにされていく。換言すれば，世界地理学習

は様々な空間レベルの個別地域事例を通して展開され，最終的には対象とする地理的事象の総体性・全体性の理解へとつながっていくのである。その具体的な過程は，本書を構成する記述内容を見て頂ければ理解できるだろう。世界地理学習における個別性と全体性を学習過程においてどのように統合していくのか，上記の世界地理カリキュラムや子どもたちの世界認識・世界観形成とのかかわりで検討していく必要がある。

3. 世界地理学習のあり方

(1) 地理総合時代の授業づくりの視点

　これからの世界地理学習における授業づくりの視点を考察するには，地理総合のそれが参考になる。地理総合は，①教育内容を構成するキーワードとして地図・GIS，グローバル化，防災，ESD を設定，②グローバルとローカルという空間スケールの設定とそれらの相互補完・往還による主題学習，③現代世界を理解する上で必要な地理的知識，地理的な見方・考え方，技能の習得，④学習過程を現代的諸課題解決に向けた探究的学習として組織するという特徴を有する。ここに示された視点は，中学校地理的分野の地誌学習を踏まえ，さらに系統地理と地誌を構成原理とする地理探究（選択）へとつなぐ必履修科目としての地理総合の役割を具体化したものである。他方，上記の世界地理学習の課題を克服していくことを視野におくならば，①と③は教育内容及び教材選択とその配列，②と④はどのような学習過程を構想すべきかを考える上で有効な視点となり得るだろう。

(2) 主題学習としての世界地理学習

　それでは，どのような世界地理学習を構想すべきなのか。ここでは，文科省指定研究開発学校である神戸大学附属中等教育学校の「主題的相互展開学習」の事例を検討してみよう。同校の「主題的相互展開学習」とは，「現代世界の地球的課題や生活圏の地域的課題に興味が持てるような主題学習のために，地球規模の自然システム的アプローチや社会・経済システム的アプローチを学習内容及び学習活動の両面で関連づけて学習する」[12] というものである。

　例えば，世界地理学習にかかわる「地球的課題と国際協力」の単元では，最初に「日本はどの地域と地域共同体をつくれば良いのだろうか」という単元をつらぬく問い（主題）を設定し，以後，この問いを解明するための学習が進められていく（表 I -3-1）。その過程では，自然システム的アプローチや社会・経済システム的アプローチによる主題解決のための系統地理的な考察に加えて，西アジアやオーストラリア，バングラデシュ，アメリカ合衆国の地域事例を取り上げ，地域に展開する具体的な事実に基づいた地誌的な考察を展開している。そして最後に，再度主題に立ち戻り，これまで学習してきた内容を総合して，日本の地域共同体へのかかわり方に関する考察を集団による対話を通して深めている。

　同校の「主題的相互展開学習」は，単元をつらぬく主題を中核とし，結果として問題解決に向けて系統地理学習と地誌学習を学習過程に組み込んでいくという構造をもっている。この単元構造を用いれば，主題にかかわる地域事例の学習を通して，全世界の国や地域に関する地誌的知識を一通り学ぶことができるだろう [13]。国別・地域別地誌学習に囚われなければ，主題学習の中でも世界地誌学習を展開することが可能なのである。

表Ⅰ-3-1　神戸大学附属中等教育学校「地理総合」単元の展開事例（「地球的課題と国際協力」）

時	各時の主題	各時の問い	主な活動
1〜2時	【主題学習】［地球的課題を踏まえた国際協力］地域共同体①	日本はどの地域と地域共同体をつくれば良いのだろうか	個人思考の結果をグループで共有し方向性を探る
3〜4時	【主題学習】［地球的課題を踏まえた国際協力］地域共同体②	世界にはどのような地域共同体があるのだろうか	個人作業の結果をグループで共有し情報を共有する
5〜6時	【自然システム的アプローチ】水資源の偏在	なぜ乾燥する地域があるのだろうか	これまでの単元の学習を踏まえ，水資源の偏在の自然システム的要因を知る
7〜8時	【事例地域】砂漠での生活と開発－西アジアを事例に－	石油収入以外にどのような産業があるのだろうか	エネルギー資源が豊かな地域の学習からエネルギー資源の偏在に着目する
9〜10時	【事例地域】エネルギー資源の開発－オーストラリアを事例に－	オーストラリアから日本に運ばれているものは資源だけだろうか	エネルギー資源以外の結びつきに着目する
11〜12時	【主題学習】［地球的課題を踏まえた国際協力］地域共同体②	日本はどの地域と地域共同体をつくれば良いのだろうか	水資源とエネルギー資源の両面から地域共同体の在り方を探る
13時	【社会・経済システム的アプローチ】エネルギー資源の偏在	資源の枯渇に対してどのような対策がとられているのだろうか	統計比較からこれからのエネルギー問題について考察する
14〜15時	【事例地域】飢餓と飽食－バングラデシュとアメリカ合衆国を比較して－	人口の偏在が食料の偏在をもたらすのだろうか	様々な資料を比較することから人口の偏在と食料問題の関係性を考察する
16〜17時	【主題学習】［地球的課題を踏まえた国際協力］地域共同体③	日本はどの地域と地域共同体をつくれば良いのだろうか	個人思考の結果をグループで共有し方向性を探る

資料：神戸大学附属中等教育学校（2018）『地理総合・歴史総合／参考資料』p.29 を一部省略して引用

4. 克服すべき課題

　地理教育の 30 年を振り返るとき，この間の教育課程改革の理念と教育現場の受け止めや実践の間には大きな齟齬や乖離が見られた。それは，ハードとソフト両面における教育環境の未整備や多忙化著しい教育現場の厳しい現実に寄るところが大であるが，提起された授業理論が実践するには難解であったことにも起因する。国立教育政策研究所による教育課程実施状況調査（2007 年）によれば，地理歴史科における課題解決的な学習の実施状況は，「行っている」「どちらかといえば行っている」がわずか 17.2％ であった[14]。この数値を見るとき，2017・2018 年改訂で中学校地理的分野や地理総合の世界地理学習に求められている主題学習が，すんなりと実践されるとはとうてい思えない。

　学習指導要領の全面実施を控えた現在，この間の授業実践を総括し，地理学を中心とした社会科学にかかわる教育内容研究の深化，現代社会を捉える枠組みと知識の体系化（教育内容の構造化）と発達段階を踏まえたそれらの系統的な配列等の課題に真摯に向き合う必要がある。加えて，何よりも教師の知識伝達型授業観の転換が今度こそ求められている。

［竹内裕一］

［注］
1）以下，学習指導要領が告示された年次に合わせて「○年版」と表記する.
2）竹内裕一（2018）「新学習指導要領をどう読むか－その位置と実践の方向性－」地理教育 47,

pp.6-16. なお，本稿の「2. 地理教育の 30 年と世界地理学習」の記述は，本拙稿（2018）の内容に多くの部分において依拠している．

3）澁澤文隆（2002）『新地理授業を拓く・創る』古今書院，pp.1-12.

4）なお，歴史 105 → 130 時間，公民 85 → 100 時間である．

5）文部科学省（2008）『中学校学習指導要領解説社会編』日本文教出版，p.2.

6）本稿では，世界地理における適切な主題を設ける地誌学習も日本地理における動態地誌学習と趣旨を同じくしていると判断し，「動態地誌的な学習」と一括して呼称する．

7）戸井田克己・吉水裕也・岩本廣美（2013）「近年の日本における地理教育の展開状況－ 1980 年代以降を中心に－」新地理 61-3，pp.19-39.

8）奈須正裕（2017）『「資質・能力」と学びのメカニズム』東洋館出版社，p.46.

9）前掲 4），p.7.

10）井田仁康（2018）「『地理総合』の内容とその特性」，碓井照子編『「地理総合」ではじまる地理教育』古今書院，pp.1-10.

11）中央教育審議会（2016）『幼稚園，小学校，中学校，高等学校及び特別支援学校の学習指導要領等の改善及び必要な方策等について（答申）』p.10.

12）神戸大学附属中等教育学校（2018）『地理総合・歴史総合／参考資料』p.1.

13）同校では，地理総合カリキュラムを構想する上で，必ずしも系統地理学習と地誌学習を統合するという視点は持っていないという．しかし，筆者は，主題にかかわる地域事例の学習を意図的に選択・配置していけば，結果として統合が可能であると考えている．

14）国立教育政策研究所教育課程研究センター（2007）『平成 17 年度教育課程実施状況調査』p.319.

第Ⅱ部　現代の世界

1. 現代世界の構造
－戦後秩序の崩壊と領域国民国家の終焉

　2018年は第一世界大戦が休戦となって100周年の年だった。最初の世界大戦が終わった後，世界には1つの秩序を形成しようという動きがあった。国際連盟である。だが，この秩序は20年と維持できず，世界は第二次世界大戦へ突入した。そして，この大戦の後，世界は再び1つの秩序を形成しようとした。今度は，さらに広範な国々を取り込んで国際連合をつくり，戦争を抑止しようとした。

　国際連合ができるのと同じころ，世界は冷戦の時代に入った。世界は，自由主義と資本主義の陣営と社会主義・共産主義の陣営とに分かれて争ったが，国連は，対立する陣営が互いに顔をあわせ，限界はあるにせよ，紛争の調停や抑止に一定の役割を果たしてきた。

　その後，社会主義の陣営が崩壊したことによって冷戦は終焉を迎えた。問題はその後の世界である。世界は新たな秩序を構築することはできなかった。

　冷戦終焉の直後，1990年代に入ると，ルワンダ紛争，旧ユーゴスラヴィアでのボスニア紛争，コソヴォ紛争と相次いで民族紛争が起きて夥しい数の難民が発生した。突然，イラクがクウェートを侵略したことで発生した湾岸危機と湾岸戦争。このころ，まだ国連は一致して紛争の激化を抑止しようとしていたが，国連軍よりもアメリカ主導の多国籍軍やNATO軍が，激しい攻撃を加えることで事態を暴力的に鎮圧する方向に傾斜していった。

1. イスラームを敵とする時代へ

　1993年に政治学者のハンチントンがフォーリン・アフェアーズ誌に書いた『文明の衝突？』は，その後の世界の対立軸がイデオロギーの相違をめぐる争いから，より根源的なアイデンティティをめぐる争いへとシフトすると主張し，これが「文明の衝突」となることを予言した。地理学との関係で述べておけば，無批判に展開されている「地政学」の新たなバージョンとなったのが，この論文である。

　だが，かつて帝国主義と植民地主義の時代における「地政学」が，侵略と支配の正当性を偽科学的説明によって脚色したに過ぎなかったのと同様，ハンチントンの所論は，文明の断層線に沿って衝突が繰り返されるというストーリーに偽科学的説明で化粧をするようなものであった。

　およそ学術的価値に乏しいこの書物が一世を風靡するに至ったのは，冷戦の崩壊によって軍備拡大のための新たな「敵」を探し求めていた西側諸国にとって好都合だったからに他ならない。ハンチントンの「文明の衝突」は，スポンサーとアクターがそろえば実演が可能だった。スポンサーはアメリカ，英国，フランスなどの軍産複合体であり，サウジア

ラビアなど産油国の金満家たちもこのスペクタクルに投資した。アクターの筆頭にあげるべきはオサマ・ビン・ラディンとアル・カイダである。彼らが，引き起こした 9・11 の同時多発テロは，抑圧と迫害を受けてきたムスリムによる反撃だったが，テロを極限のスペクタクルにした。世界のジハード主義者が模倣し始め，西欧の側は世界のムスリムに対する差別と迫害を正当化するきっかけを得た。以後，世界で政治指導者から市民まで広く語られることになる「テロとの戦争」は，戦争の持つ残虐性と非道は，それ以前の戦争と何ら変わらなかったにもかかわらず，誰にも否定できない魔力を秘めたスローガンとなった。

その直後，アメリカとその同盟軍は，2001 年，ビン・ラディン達を匿ったとしてアフガニスタンのタリバン政権に戦争を仕掛け，これを倒した。以後，アメリカは「文明の衝突」の主要なアクターとして各地に衝突を引き起こしていく。アフガニスタンには，アメリカの傀儡政権が誕生し米軍をはじめとする多国籍軍が駐留したため，タリバンは反攻に転じ，2018 年には国土の 6 割以上を支配下に収めたと言われる。この間，アフガニスタンに平和と安定が訪れることはなかった。

2003 年には，アメリカとその同盟国は，イスラーム主義とは無縁のサッダーム・フセインのイラクに戦争を仕掛け，これも倒したが，イラクは北部のクルド，多数を占めるシーア派のアラブ，利権を奪われたスンニー派のアラブに分裂し，統一国家の再建は困難となった。

2004 年にはスペインのマドリード，05 年にはロンドンで鉄道やバスを狙った同時多発テロが発生し，その十年後にはパリで死者 130 人に達する同時多発テロ，ニースやベルリンでもトラックの暴走によるテロが発生し，ヨーロッパは「テロの十年」と言ってよいほど，あいつぐイスラーム過激派のテロに見舞われることになった。

さらに，2015 年には「ヨーロッパ難民危機」が発生した。シリアでの戦争，リビアの崩壊，ソマリアの崩壊，アフガニスタンの治安悪化などによって，130 万人にのぼる難民がヨーロッパに殺到した。その年の主要なルートは西バルカン・ルートと呼ばれるもので，すでに 300 万人を上回るシリア難民を抱えていたトルコからエーゲ海を密航し，ギリシャの島嶼部に至り，そこからギリシャ本土，マケドニア，セルビア，ハンガリー（同年 9 月にはオルバン政権がセルビアとの国境をフェンスで封鎖したため迂回して）クロアチア，スロベニア，オーストリア，北上してドイツに到達した。一部はさらに北上してスウェーデンに向かった。

膨大な難民は，シリア内戦が直接の契機となって発生したが，これはシリアを支配するアサド政権軍がロシア軍の支援を受けて，反政府側支配地域に無差別な空爆と攻撃を加えて自国民を殺戮したことが主たる原因である。2014 年の夏以降は，これにイラクとシリアで猛威を振るった「イスラーム国（IS）」による苛烈な支配が加わり，住民はトルコ，レバノン，ヨルダンというシリアに隣接する三カ国を中心に逃れて難民となった。

一言付け加えるならば，シリア内戦をベトナム戦争になぞらえて米ロの代理戦争とみるのは誤りである。アメリカは，2015 年以降に「イスラーム国」掃討のために介入を開始したが，シリア北部にしか影響力をもっていない。最悪の人道危機と難民流出をもたらしたのはロシアとシリア政府である。

2. イスラーム世界における領域国民国家体制の崩壊

2011 年のチュニジアに端を発する一連のアラブ民主化運動（当時「アラブの春」と呼ばれた）は，チュニジア以外の国で失敗した。失敗したのみならず，既存の領域国民国家の秩序を崩壊させるきっかけとなった。この地域の国家というのは，自力で第一次世界大戦後に独立を達成したトルコ，それ以前から領域を維持していたイランを除けば，当時のヨーロッパ列強によって「創り出された」虚構の国民国家にすぎない。

アラビア半島の産油国にいたっては，国民国家ですらなく，統治者個人の所有物としての性格をいまだに維持している。シリアやエジプトなどは，事実上の独裁政権が強力な軍部と諜報・治安機関によって国民を統治するという強権的性格を過去 70 年以上，一度も変えることはなかった。「アラブの春」はエジプトに波及し，長期にわたるムバーラク独裁政権を倒し，ほんの一瞬，民意によるモルシー政権を誕生させたが，軍部と世俗派富裕層が結託してクーデタによってモルシー政権を破壊し，支持基盤であったムスリム同胞団をテロ組織として弾圧した。シリアで半世紀近く独裁を維持してきたアサド家の統治は，凄惨な内戦を通じてなお権力の維持を図っている。

リビアでは独裁者カダフィが民衆によって倒されたが，混乱に乗じてアメリカ，イギリス，フランスを中心に軍事介入が行われ，結果的に内戦に陥った。イエメンでは，国連が最悪の人道危機を警告し続けているが，サウジアラビアの支援を受ける「政権」側とフーシーという指導者を戴き，イランが支援する「反乱軍」が戦闘を続けている。サウジアラビアとアラブ首長国連邦（UAE）は，同じムスリム同胞を生存の危機に陥れたことで，世界のスンニー派ムスリムからの信頼を失い，統治の正統性を問われることになった。個人の所有物としての「偽国民国家」の脆弱性は，富裕な産油国の崩壊を早めることになるだろう。このような偽国民国家を放置してきたのが，他ならぬ第二次世界大戦以降の諸国家体制（冷戦期も含めて）だったことを問い直さねばならない。

3. ヨーロッパにおける多国間協調と寛容の終焉

難民の奔流にさらされた EU 諸国では，多国間協調の模範だったはずの EU 統合が分裂へと反転した。加盟国は国民国家を維持しようともがいているが，いずれもポピュリスト政治勢力の台頭で，反 EU，反移民，反難民，反イスラームに傾斜しつつある。

現行の高校地理の教科書でも，EU というのは国境の「壁」を低くし，多国間の協調を進めてきたことが記されているが，現在，協調体制はなかなか機能しにくい状況にある。イギリスの EU 離脱交渉（Brexit）では，結束の崩壊を恐れる EU と，利点だけは維持して協調は忌避しようとするイギリスとの対立が焦点となった。他の加盟国にとっては，離脱が多大のコストを伴うという「みせしめ」的効果はあったが，積極的に欧州統合を進めていこうという機運は失われた。

2017 年から 18 年にかけて，ヨーロッパ諸国では重要な選挙が相次いだ。17 年 3 月のオランダ下院選挙では，与党の自由民主国民党（VVD）がかろうじて勝利して第 1 党を維持したものの，第 2 党にヘルト・ウィルダース率いる自由党（PVV）が躍進した。ウィルダー

スの党は，反EU，反移民・難民，反イスラームの姿勢を明確にしていたが，他の政党が連携して自由党を排除して連立政権を樹立した。この自由党は，ふつう「極右」政党とされるが，これは正しくない。現在のヨーロッパの政治をみるときに重要な視点だが，難民や移民，とくにムスリムの排斥を叫んでいるのが極右とは限らないのである。むしろ，自由を重視する観点から，難民や移民の増加によって自由が脅かされていると意識する人びとと，イスラームという異質な宗教が，個人の自由や民主主義に反すると断定している人びとにとって，彼らを排斥することは，自由を守ることと認識されているのである。

　この傾向は，ドイツでの連邦議会選挙（2017年）でAfD（ドイツのための選択肢）という政党が躍進したことにも表れているし，オーストリア，スウェーデン，イタリアなどでの排外主義・ポピュリスト政党の台頭にも共通している。ドイツは，戦後70年にして排外主義を公然と主張する政党が連邦議会にまで議席を占めることになった。問題は，内向きの右傾化だけではなく，自らの自由を守るという名分のもとに，「リベラル」でさえ多様性を否定する傾向が顕在化していることなのである。

　そして，人種や民族に対する差別とは異なり，宗教に対する非難や排斥の主張は差別と認識されにくい構造をもっていることに注意を払わねばならない。これは，カトリックとプロテスタントとの闘争の歴史にもみてとれるように，互いの宗派や宗教を軽侮したり嘲笑したりすること自体，表現の自由のうちに含まれると解釈されるからである。それをユダヤ人に向けてはならないことは，ホロコーストの悲劇の教訓としてヨーロッパ諸国にも生きているものの，20世紀後半から移民労働者として加わったムスリムには適用されない。

　2015年から16年にかけて，イスラーム過激派によるテロが頻発し，容疑者のなかにムスリム移民の若者たちが相当数含まれていたことによって，ヨーロッパ社会の反イスラーム感情は高揚した。だが，これらの暴力を「イスラームのうちに暴力の源泉がある」と断じるのは「差別を受ける側にも相応の問題がある」と言うに等しい。移民としてヨーロッパに渡って半世紀以上を経てもなお，社会を構成する一員として平等に処遇してこなかった事実は都合よく隠蔽されてきたのである。

　2015年の「ヨーロッパ難民危機」は，EUの統合を危機に陥らせた。シリアからの難民を受け入れる責任があるとドイツのメルケル首相が発言したことは，結果としてギリシャからドイツに至る難民の奔流に拍車をかけた。パスポートもビザもなしに通過国の国境を踏み越える原因となった。この事態に反発する市民は，どの国でも多い。言うまでもなく，排外主義・ポピュリスト政党の伸長を支えたのは彼らの支持である。

　EU加盟国の多くは，メルケルの決断を批判し，EUが協調して難民を受け入れることに難色を示した。ドイツ国内においても，メルケルのキリスト教民主同盟（CDU）と姉妹政党であるバイエルンのキリスト教社会同盟（CSU）が首相への批判勢力となった。バイエルンの州都ミュンヘンは，南のオーストリアから殺到する難民が最初に到着する主要都市だったが，バイエルン州首相（CDU）はメルケルの決断を知らされていなかったのである。

　ドイツの難民受け入れを人道主義によるものと考えるのは正鵠を射ていない。地理ではあまり扱わない事柄だが，ドイツ（旧西ドイツ）の基本法（憲法）は，第16条a項において，だれでも政治的迫害を受けた人はドイツに「庇護を請求できる」と規定している。もちろん，今日では付帯条件があって，安全な第三国を経由してドイツに来た場合には，手前の国に送還することが可能で，そこで庇護（asylum）を申請しなければならない。

この付帯条件はEU加盟国とノルウェー，アイスランド，スイスなどを加えた国々に適用され，ダブリン規約とよばれる。2015年の難民危機に際して，ドイツ政府が「ダブリン規約を停止する」と宣言したため，難民は途中の国に長期に滞留することをやめ，ドイツに向かった。スムーズに通過国を通すための措置だったのだが，難民が通過した国々の側は，短期間に膨大な数の難民が国境を無視したことを異常な事態として記憶している。ドイツが「庇護請求権」を誰にでも認めているのは，第二次世界大戦でのユダヤ人へのホロコーストのみならずあらゆる迫害を繰り返さないという決意を基本法に盛り込んだためである。当然のことながら，第二次世界大戦の戦勝国の側は，敗戦国ドイツの憲法原則に振り回される結果となったことに不満を募らせた。

　問題はこれにとどまらなかった。北アフリカのリビアは内戦で秩序が崩壊し，中部アフリカからの難民・移民がリビアの密航業者を介して地中海を渡り，イタリアに向かっているからである。モロッコからスペインを目指す密航ルートもまた，現在もなお継続的に難民と移民をヨーロッパに運んでいる。

4. 領域国民国家体制の限界

　ここでは，中東・アフリカとヨーロッパで起きている現象を大づかみにまとめたにすぎない。だが，国境を越えて人が無秩序に移動する現象は，ラテン・アメリカから北アメリカにかけても発生している。アメリカのトランプ大統領は，メキシコからの人の流れを阻止するとして国境管理を厳格にし，メキシコとの間に壁をつくり軍を投入した。

　トランプ大統領は，就任直後にムスリムが多数を占める複数の国からの渡航者を入国禁止にするという大統領令を実行した。そもそも移民や奴隷の子孫が多数を占めてきたアメリカ社会にとって，特定の国からの入国を阻むというのは，自らのアイデンティティを否定するものであったが，国家安全保障を理由にトランプ政権は，これを実行した。

　ここにも第二次世界大戦後の秩序の崩壊をみることができる。アメリカは，冷戦の終焉後「文明の衝突」論で共産主義に代わる新たな「敵」と名指しされたイスラーム世界との闘いにのめり込んでいった。2001年のアフガニスタン侵攻，03年のイラク戦争に続いて，ソマリアにも継続的に介入し，2011年に始まった「アラブの春」という民主化希求の運動にも介入した。2014年に誕生した自称「イスラーム国」の壊滅作戦においては，当初，地上部隊による介入を否定していたものの，2019年現在，シリア北部において地上部隊が展開している。

　この介入は，北シリアを拠点とするクルド武装勢力を「イスラーム国」と戦わせ，彼らを支援するというものだったが，北の隣国トルコをひどく苛立たせた。クルド武装勢力はトルコ国内で分離独立を掲げて武装闘争を続けてきたクルド労働者党（PKK）と同じ組織だったためである。その結果，冷戦時代の西側諸国の軍事同盟であったNATO（北大西洋条約機構）加盟国であるトルコはアメリカに激しく反発し，軍事的衝突も辞さないという状況に陥った。冷戦時代の同盟関係から中東の地域を見る視角というものが意味を失ったことを象徴する事態である。

　そのトルコは，1960年代からヨーロッパの一員となる国の方針のもとに外交を展開してきた。半世紀以上にわたってEU（およびその前身）への加盟を申請してきたのである。2004年に一度トルコとの加盟交渉を決定したEUは，しかし，06年には交渉を中断した。9・

11 同時多発テロ事件をきっかけに，ムスリムの国家として EU 加盟に前向きなトルコを取り込もうとするのが EU 側の戦略だったが，加盟国市民の強い反対によって EU は方針を変えた。加盟交渉開始の条件ではなかったキプロス承認問題を持ち出して交渉を途絶させるというアンフェアな手段を用いたことは，トルコの対 EU 感情を著しく悪化させ加盟への意欲を低下させる結果となった。

　2015 年のヨーロッパ難民危機で，EU とトルコの立場は逆転した。EU はトルコからの難民流出を抑止するために，トルコに対する資金供与とシェンゲン圏への査証免除を約束したのである。すでに EU との関税同盟に参加しているトルコにとって，ビザ無し渡航の権利を得れば，実質的に EU 加盟の意義は失われる。だが，これも EU は多数の条件を提示して実現していない。

　ヨーロッパ域内での反イスラーム感情は，隣接するトルコや北アフリカ諸国を一層疎外する結果を招いている。EU は，地中海を密航する難民・移民ルートを遮断するために，EU 側ではなく，北アフリカのリビアやモロッコにチェックポイントを設置して流出を止めるように要求している。ヨーロッパの内と外を峻別しようとするこの措置は，中東という地域をヨーロッパから隔絶されていることを強調するものである。他方で，ヨーロッパ自身が統合から分裂に向かっている状況は，領域国民国家体制の限界と地域統合の限界が同時に発生したことを示している。

5．新たな世界地誌を考える

　これまでの地理教育は，国境線によって仕切られた国民国家を所与のものとして扱ってきた。今日の世界では，紛争，貧困，災害などによって，人の移動がグローバル化するにつれ，富裕層の移動だけでなく，生命の危険や貧困から逃れる難民，移民が急激に増加している。彼らにとって，国家の領域性というものは私たちが考えるような絶対的な境界ではない。どの国に帰属するかということは，彼らにとってさして重要ではないのである。このことは，資本がグローバルな市場を自由に動き回る現象と表裏一体をなしている。

　国境を無視した人の動きが拡大したのは，多くの発展途上国が，「途上国」の名に反して安定的な発展を実現できず，統治の体制そのものは独裁や権威主義体制から脱却できずに現在に至ったことと深く関わっている。なかでもムスリムが多数を占める諸国が混迷に陥ったのは，西欧近代国家をモデルに国民国家を建設したものの，国民の創造は不十分に終わり，主権が国民の手にあることも実感できず，少数の手に権力と富が集中する状況を改善できなかったことに対して，イスラームの規範に照らして公正な政治を実現すべきだという民意が強まったからである。だが，イスラーム主義に立つ政治勢力の台頭は，欧米諸国にすがろうとする既存の体制によって，厳しい弾圧にさらされた。過去十数年，「テロとの戦い」という大義名分は，イスラーム的公正を求める民衆を抑圧することに利用されるようになったのである。その結果，巨大な難民と移民の奔流がヨーロッパに到達して，EU に危機をもたらしたのは皮肉である。これからの世界地誌には，なぜ，国家の領域性を無視する人の動きが生じたのか，そこから領域国民国家そのものの限界とは何かを学び取ることが不可欠となろう。

[内藤正典]

2. 地　図

1. 地図をめぐる状況

　日常生活にもメディアにも地図はあふれているが，地図に対する国民教養は，著しく劣化しているように思われる。2017 年 5 月，北朝鮮のミサイル関連で，あるテレビ局の報道が「炎上」した [1]。「メルカトル図法らしき円筒図法の世界地図に円形のミサイル到達範囲を重ねるってどうなんだろうか？」という意見はもっともだが，メルカトル図法ではなくミラー図法であった。そのことの指摘はまったくなかった。役所の発行する白書の地図に多くの誤りがあることは指摘されて久しいが，改善は僅かである [2]。2019 年 6 月には，イージス・アショア（地上配備型防衛システム）に関連して防衛省が断面図作成で初歩的な誤りをおかし，大きな問題になった [3]。

　地図を主題的に担うのは地理教育である。担当者に課せられた責務は大きい。地図の世界もアナログからデジタルへ急速に変化している。そのことを念頭におき，地図について抑えるべき最低限の事項を述べることにする。限られた誌面なので具体的内容は注や参考文献を参照してほしい。

2. 地図投影法（指導）のエッセンス

　①地図は使用目的に応じて選ばなくてはならない。とくに世界地図の場合は，そのために投影法の選択（視点をどこにするかを含めて）が重要になる。何でもメルカトル図法（ミラー図法）で済ませるわけにはいかない。そのために，多少は煩雑になるが，投影法の基本を理解しておく必要がある。

　②球面を平面へ投影することにより必ず歪みが生ずる。地球儀（上）の状態と一致した時が，「正しい」地図である。面積（正積），角度（正角），距離（正距），方位（正方位）の 4 つになる。「正形」という区分はない。もちろん，正性質を持たない地図もある。正性質がない地図が良くないということはない。使用目的次第である。

　③世界地図（小縮尺の地図）における縮尺の意味に注意しよう。縮尺は，通常は地図上の長さを現地の長さで割って表現する。地図上での測定値に縮尺の逆数をかければ実際の長さが出る。ただし，世界地図の上で安易にそれを行ってはいけない。世界地図の場合，地図をつくるもとになった地球儀と，地球の比較と考える。間に理念としての「地球儀」を入れるのである。その地球儀を平面に展開する過程で歪みが生ずるので，地図上の縮尺は，場所によって異なるのである。なお，縮尺の大小は絶対に間違えないように指導しよう。100 万分の 1 と 5 万分の 1 では，後者が大縮尺だ。分数の大小で考えるとよい。

　④方位も要注意だ。方位は図Ⅱ-2-1 のように表す。南北の方向が基準だ。その基準になる特別な点が北極点と南極点である。北からの右回りの角度ですべての方位を示すことができる。東は 90°，南東は 135°だ。方位はどこから考えるか，視点（中心）が不可欠だ。

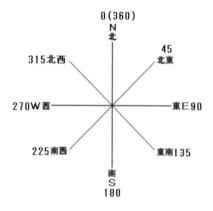

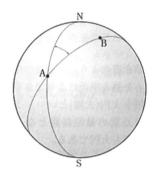

図Ⅱ-2-1　方位の表現の仕方（著者原図）　　　図Ⅱ-2-2　地球規模での方位の考え方（著者原図）

　地球儀上での方位は図Ⅱ-2-2のようになる。A点から見たB点の方位は，Aを通る経線（大円）と，A，B点を通る大円のなす角の大きさになる（大円ということがポイント）。正方位図法は，この角度がそのまま（歪みを受けないで）表現された地図である。そのためには視点に平面をあて写しとると考えればよい。周辺の歪みが大きいが，通常の方位の表現の仕方がそのまま使えるようにするために，あらかじめ世界の形を変えたと考えるとよい。
　⑤取り上げる図法。教科書においても地図投影法の扱いは非常に軽くなっているが（新指導要領でも同様），世界認識の基礎となる事項なので，取り上げたい図法を列記する。図法の内容については，参考文献を参照されたい。
　＊正積図法：サンソン，モルワイデ，グード，ペータースなど
　＊正角図法：メルカトル図法（航海用地図からウェブ地図への転換）
　＊正方位図法：正距方位図法，正積方位図法
　＊便宜図法（正性質をもたない図法）：ミラー図法，ヴィンケル図法など

3．大縮尺の地図（地形図）

　国土地理院は2013年に多色刷の新たな2万5千分1地形図の刊行を始めた。今までの2万5千分1地形図は1964年以降本格的な刊行が始まったので，半世紀ぶりの大改訂だ。作成方法が今までと大きく異なり，電子国土基本図をもとに作られる電子地形図25000[4]を調整，印刷したものだ。したがって，実測図から編集図への変更でもある。全国の面数は4,400面をこえるので，それがすべて更新されるにはまだまだ時間がかかり，2019年現在では複数の図式[5]が混在していることになる。
　特徴の1つは多色化である。今までは黒，茶，青の3色だったが，今回は赤，青，黄，黒を基本となる4色を合成し多色化が行われている。そのためコピーがしづらいという声を聞くが，できれば実際の地形図を使わせたいところなので，悩ましいところである。
　建物は総描ではなく，一軒一軒表現されるようになった。色は橙色なので，市街地での識別性はよくなったが，市街地が多いと赤い感じが強く目が痛くなるという意見もある。道路も基本的にすべて示され，表示密度が高くなっている。地形については，ぼかし（緑色の陰影）が入り，尾根，谷の判断がしやすくなった。そのため等高線指導が逆にやりにくくなったと言われるが，等高線は地形を立体的に読み取るための1つの方法に過ぎない

と考えれば，否定的に捉えるべきではないだろう。

　見た目がかなり変わった2万5千分1地形図だが，できるだけ実物を使用させたい。一覧性を含め，紙地図ならではの特徴を実際に体験させることができる。2018年に1枚339円から427円に値上げになったが（27年ぶり），教材費，学年費を使うなど，各校の実情に応じて対応したいところである。

　その利用については，読図や作業は定番であるが，次項で説明するデジタルマップ（ウェブ地図）との連携を考えたい。アナログ（紙地図）とデジタルは補い合ってより効果を発揮するのである[6]。

　なお，地域学習において旧版地図は不可欠である。簡便に使えるものとしては，谷　謙二氏の「今昔マップウェブ」が有名である。国土地理院の「地図・空中写真閲覧サービス」では，旧版地図の図歴やサムネイル画像をすべて閲覧できる。大いに活用したいサイトである。戦時改描図（国防目的から土地や建物を意図的に改竄して表現した地図）も地理院が所有しているものについては登録してある。

4．地理院地図

　国土地理院が地形図をウェブで公開するようになったのは2000年からである。色々な経過を経て[7]2013年から「地理院地図」の名称で提供が始まった。同サイトのヘルプでは「地形図，写真，標高，地形分類，災害情報など，国土地理院が捉えた日本の国土の様子を発信するウェブ地図です」と記している。国土地理院に関する地図類（空中写真を含む）の多くを閲覧できるだけでなく，計測や作業も可能だ。スマホでも快適に使える。

　近年は毎年改訂がなされて，機能が追加され，断面図や，標高図（段彩図）を自由に描けるようになった。これは教材作成の上では非常に有り難いことである。以下2020年改訂版に基づき，基本的な項目，注意すべき点にしぼって説明する（PCを前提）。

①「地図」ボタン：地図上に表示可能な情報を集約されている。地理の授業でよく使うものは「年代別の写真」（空中写真・衛星画像）「標高・土地の凹凸」「土地の成り立ち・土地利用」だろう。それぞれをクリックすると，様々な写真や地図が基本になるベースマップの上に表示される。紙地図で販売されているものもあり，これを無償で提供してよいのか，と思うほどである。「標高・土地の凹凸」の中の「自分で作る色別標高図」は是非活用したい。ブラタモリなどでよく使われる「赤色立体地図」もあり，日本全域を見ることができるのは画期的なことである。「陰影起伏図」も地形学習には役立つだろう。

　　基本になるベースマップは，ある縮尺（「ズーム」と表現）では2万5千分1地形図と同等の表現になっており，画面キャプチャーするなどして出力すれば紙の2万5千分1地形図と同じように使うことができる[8]。

⑦ツールボタン：各種機能メニューが表示される。「作図・ファイル」「計測」「断面図」「並べて比較」「重ねて比較」「3D」「Globe」などの項目が表示される。計測の距離で得られる値は，地球を回転楕円体とみなした厳密なものである。断面図は日本だけでなく世界全域可能だ。また，2020年から縦横比を設定できるようになった。3Dは一定の範囲を立体表示し，3Dプリンタ用のデータもダウンロードできる。Globeは地理院地図をグー

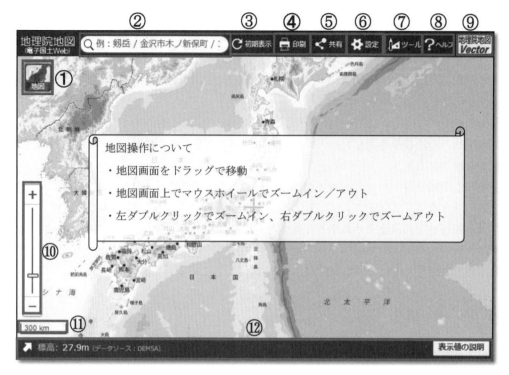

図Ⅱ-2-3　地理院地図（PC版）の画面構成（地理院地図操作マニュアル）

グルアース風にしたものと考えるとよい。

⑨地理院地図 Vector：「ベクトルタイル」と呼ばれる形式の地図の提供だ（2020年段階では試験公開）。従来の地理院地図の画像は「ラスター」と呼ばれる方式で，いわばできあがった画像である。これに対して「ベクトル」方式は，描画した線の色や太さなどを自由に変えることができる。地図の向きを変えても，地名はそのまま水平に保つことができるのも，ベクトル方式ならではの特徴だ。注目していきたい。

⑪スケール：この位置ではなく，地図の中心の緯度におけるスケールなので要注意。

⑫コンテキストメニュー：左下の矢印をクリックすると，地図の中心の情報（住所，経緯度，標高など）が表示される。住所は便利だが「正確な所属を示すとは限らない」。

　インターネット接続が前提になるので，スムーズな利用は学校の通信環境によるところが大きいが，スマホでの使用を考慮してあるので，場合によっては生徒の方が教員よりも上手に使いこなすかもしれない。

　地理院地図はさまざまな主題図を載せるプラットホームであり，従来の紙地図ではできない機能をたくさんもっている[9]。地図学習の時だけに使うのではなく，授業の各側面において効果的に利用できるように習熟しておきたい[10]。

　地理では防災学習が重要なテーマの1つである。その際，ハザードマップは欠かすことができない。国土交通省は「ハザードマップポータルサイト」を開設しているが，2本柱の1つ「重ねるハザードマップ～災害リスク情報などを地図に重ねて表示～」は，この地理院地図をベースにしている。

　なお，地理院地図は，まだ過渡的な存在であり改善してほしい点もある[11]。幸い国土地

理院は，外部からの意見にはきちんと答える組織であり，また地理・地図教育にも関心を持っている[12]。教育現場からの意見を積極的に寄せていきたい。

5. ウェブ地図，地図ソフト・アプリなど

授業で使え生徒も興味をもつウェブ地図や地図ソフト・アプリをいくつかあげておこう。また，YouTube にも地図関連のコンテンツが掲載されているので，紹介する。地理院地図や今昔マップウェブはすでに述べたので省略する。サイトは名称で検索できるので記載してない。

＊グーグルマップ：ウェブ地図の代表例であり触れるまでもないことだが，1 点，投影法について述べておこう。ウェブ地図は，データ発信のしやすさなどから投影法はメルカトル図法が使われてきた。地理院地図もそうである[13]。しかし，グーグルマップは 2018 年から小縮尺の場合，正射図法と思われる地球儀のように見える図法も選択できるようになっている[14]。

＊カシミール 3D：多くの機能を持った地図総合ソフトは，「可視マップ」（山などが見える地域を表した地図）を「見る」から命名されたもの。国土地理院や地図学会から表彰もされている。PC だけでなくスマホでも使える（有料）。地図ブラウザ，距離の計測や地形断面図，鳥瞰図の作成などが簡単にできる。NASA などのデータを使ってヒマラヤなどの鳥瞰図を描くこともできるので[15]，大地形の学習にも効果的だ。スマホ版は，「スーパー地形」という名称で，iPhone および iPad に対応。開発者は「GPS 対応 3D 地図アプリ～山から街まで高低差を極めるツール」としてスマホ版に力を入れているようだ。

＊PJ_Japan：地図投影法を簡単に体験できるソフト。1 つのキーを押すだけで操作できる。このため，中心や標準緯線をかえることによって地図がどのように変わっていくのかがよくわかる（Windows 版，無料。これの商品版が「ジオスタジオ」(https：//goo.gl/y1KbaF))。

＊Flightradar24：飛行中の民間航空機の位置をリアルタイムで表示する。個々の飛行機の情報もわかる。地図を拡大すればスマホの小さな画面の上でも，動いている様子が十分視認できる。世界地図でアイコン（飛行機）の動きや密度の違いから様々なことを考えさせることが可能だ（iPhone，Android，Web など。有料版，無料版）。同様なサイトで電車や船のものもある。

＊The True Size Of：アクセスすると，メルカトル図法による世界地図が示される。国名を入力する窓に入れると，指定された国が色で区別され，マウスで移動できる。位置（緯度）に応じて面積が変化する様子を視覚的に確認できる。メルカトル図法の緯度による面積の歪みを体感させるには効果的だろう。

＊どこでも方位図法：「正積・正距方位図法で世界を見られるインタラクティブ地図」。方位図法による世界地図をマウス操作で自由に描くことができる。動きを見るだけでも楽しめる。地図投影法（方位図法）の導入にはふさわしい。

＊Why all world maps are wrong：ユーチューブには多くの地図投影法の動画が登録されているがその 1 つ。投影法の全体像を総括的にテンポ良く説明している。英語は十分わ

からなくもイメージはつかめる。風船式地球儀をナイフで切り裂く印象的な場面からスタートする。6分。

[田代　博]

[注]
1）http：//matomame.jp/user/bohetiku/3aa54065bc3ce74f499f
2）田代　博（2005）「間違いの多い世界地図の利用法」『知って楽しい地図の話』新日本出版社.
　近藤暁夫「掲載地図の誤りにみる『防衛白書』の資料的価値と防衛省の地理的知識－『平成29年版　日本の防衛－防衛白書－』を中心に－」愛大史学27号ほか，近藤暁夫氏の一連の著作.
3）田代　博「イージス・アショア問題対応の経過」（http://yamao.lolipop.jp/map/2019/06/aegis.htm）.
4）日本地図センターのサイト（「電子地形図25000（オンライン）」）で購入できる. 図郭や表現方法（色など）を選ぶことができる. ダウンロードしたデータは必要に応じて自分で印刷する. データがあるので何度でも印刷可能だ.
5）次の4種類がある. 昭和61年図式, 平成14年図式, 平成21年図式, 平成25年図式（正式には,「平成25年2万5千分1地形図図式（表示基準）」）.
6）卜部勝彦（2016）「地形図の新たなる読図指導－大学教職課程における指導実践の試み」地理61巻11月号.
7）田代　博（2005）『地図がわかれば社会がわかる』新日本出版社, に詳しく記している.
8）紙の地形図を大事にする立場からは問題なのだが, 国土地理院がそのようなシステムを公にしている以上, こうした使い方を否定することはできないだろう.
9）地図ソフトカシミール3Dと地理院地図を使うと, あまり手間をかけずフィールドワーク用の白地図を作成することができる. その方法は田代　博「大縮尺の白地図の作り方」（http：//yamao.lolipop.jp/map/hakuchizu.pdf）を参照.
10）本稿執筆時では解説書は出ていない. 月刊「地図中心」（日本地図センター）2018年7月号特集「地理院地図へアクセス！」. 国土地理院の担当者による解説記事がある. 2020年3月には, 国土地理院により「地理院地図の使い方」というサイトが公開された. 地理院地図のヘルプよりたどれる.
11）田代　博（2017）「地理院地図への期待」地図中心7月号.
12）国土地理院のウェブサイトに「地理教育の道具箱」というコーナーを設けており, 教育向けに発信している.
13）メルカトル図法なので, 表示される地図は高緯度ほど拡大されている. 一般的なPCディスプレイだと上下で1.3倍程度の違いがある. 国土を正積図法で見ることができないのは問題だという指摘もある.
14）グーグル社は使用図法を明らかにしていない. 視点を遠距離においた外射図法かもしれない.
15）田代　博（2017）「田代博の展望図採点紀行30」地図中心12月号.

[参考文献]
1）政春尋志（2011）『地図投影法』朝倉書店.
2）田代　博（2005）『知って楽しい地図の話』新日本出版社.
3）田代　博（2016）『地図がわかれば社会がわかる』新日本出版社.
4）田代　博（2018）『基礎からわかる地図の大百科　2 世界地図と地球儀』岩崎書店.
5）田代　博（2019）『基礎からわかる地図の大百科　3 自分で地図をつくってみよう』岩崎書店.
6）長谷川直子編（2018）『今こそ学ぼう　地理の基本』山川出版社.

3. 地球環境問題

1. 越境大気汚染と酸性雨

　酸性雨は pH5.6 以下の降水と定義されるが，火山国日本では工業化が進む以前にも，自然状態で pH5 台の降水が生じていたと考えられている。人為による酸性雨の原因物質は，化石燃料の燃焼に伴って排出された硫黄酸化物 SOx や窒素酸化物 NOx，家畜の糞尿等に由来するアンモニアなどである。大気中の酸性物質は，非降水時には徐々に地表に堆積（乾性沈着）し，降水時には雨・雪等に取り込まれ地表に落下（湿性沈着）する。地表に達した酸性雨は，乾性沈着していた酸性物質を溶かし込んで土壌に浸透する。

　酸性雨の影響で植物の葉が直接枯れるというイメージを持つ人も多いが，雨の酸性度はそこまでは高くない。土壌の酸性化が進行することにより植物と共生する菌根菌や土壌微生物が減少し，それに伴って植物の生育が阻害され，やがて枯死する場合が多い。土壌の酸性化の進行は，植物に対してボディブローのような効果を持つため，害虫等の外的ストレス要因に対する耐性が弱まり，高密度での枯死が一気に進むアシッドショックが生じることもある。

(1) ヨーロッパ

　酸性雨の原因物質は，同時に大気汚染の原因物質の 1 つでもある。産業革命期以降のロンドンでは酷い大気汚染が発生し，多くの人々が亡くなった。街は煤煙に覆われ，smoke と fog を合わせたスモッグ smog という造語が使用されるようになった。そのような中，1878 年に酸性雨に関する最初の論文が発表された（畠山，2003）。

　大気汚染軽減のために工場の煙突の高層化が進められ，ロンドン等の工業都市の大気汚染は改善された。しかしその結果，汚染物質はより遠方へと拡散することとなった。その被害を受けたのが，ノルウェー・スウェーデンの南岸地域であった。19 世紀後半には「越境スモッグ」や「黒い雪」が観測されるようになり，1910 年代にはノルウェー南部の河川でサケが大量死する。時を置いて 1950 年代には，スウェーデン南部の湖沼地帯で魚が大量死し，都市部では建造物の溶食やブロンズ像の腐食が問題となった。これらに対する調査の過程で酸性雨が直接の原因であることが解明されたのである。1960 年代後半には，酸性雨発生時の気圧配置・風系から，原因物質の供給源が西ヨーロッパの工業地帯（イギリス・フランス北部・ベルギー・ルクセンブルク・西ドイツの工業地域）であることが明らかにされた。

　越境大気汚染・酸性雨の問題は，1972 年にストックホルムで開催された国連人間環境会議でも議論され，それが 1979 年の長距離越境大気汚染防止条約（ジュネーブ条約）締結に結びついた。その直後の 1980 年代，シュバルツバルトのドイツトウヒ林の酸性雨被害が大問題となり，多くの日本人も「酸性雨」を認識するようになる。1985 年にはヘルシンキ議定書が結ばれ，SOx 排出量を 1993 年までに 30% 削減（基準年 1980 年）する

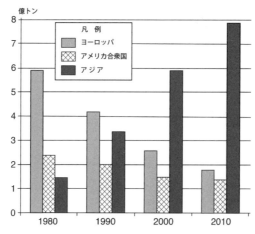

億トン

凡　例
ヨーロッパ
アメリカ合衆国
アジア

図Ⅱ-3-1　ヨーロッパ，アメリカ合衆国，アジアにおける SO_2 放出量の推移（1980-2000年）と将来予測（2010年）（国連環境プログラムの数値を引用した畠山（2003）より作成）

目標が提示された。それにより，日本ではすでに導入の進んでいた排煙脱硫装置の設置が西欧工業国でも一気に進み，SOx 排出量も順調に削減されていった（図Ⅱ-3-1）。しかし，スカンジナビア南部での酸性雨被害は軽減しなかったのである。その理由は 1990 年代初頭に明らかとなった。

　旧ソ連は，社会主義国には公害問題など存在しないことを誇示していた。ところが東西冷戦の時代が幕を閉じ，東欧諸国の実体が明らかとなった時，ザクセン・シロンスク・ボヘミア炭田を背景に持つ東ドイツ・ポーランド・チェコスロバキアの工業地域を結ぶ地帯（黒い三角地帯）で，酷い環境汚染・酸性雨被害が起こっていたことがわかった。その後，ズデーテン山脈における酸性雨被害の調査から，積雪（酸性雪）の融解期初期に高濃度の酸性物質が一気に流出したことによりアシッドショックが発生していたことが明らかとなった。西欧工業国の原因物質排出量が大幅に削減されたにもかかわらず，スカンジナビア南部での酸性雨被害が軽減しなかったのは，東欧諸国から原因物質が排出され続けていたせいであったのである。魚類はとくに酸に弱く，河川水・湖沼水の酸性度が pH5 台まで下がるとほぼ生息できなくなる。前述したノルウェー南部の河川群は，1980 年代には魚類の消滅した死の川となった。

(2) 北米

　一方，北米では，五大湖沿岸の工業地域から排出された原因物質により，1970 年代初頭にはカナダ北東部の湖沼地帯で河川水・湖沼水の酸性化が問題となった。西欧諸国に比べ米国の対策が遅れたために，カナダの汚染はその後も進行した。そのような中で，魚類が絶滅した湖沼で実験が行われた。湖水をすべて中性の水に交換し，絶滅した魚類と同種の魚を放流した結果，約 1 カ月後まで湖水の酸性化はほとんど進行しなかったにもかかわらず，魚類の大量死が発生した。死んだ魚からは水銀等の重金属類やアルミなどが検出された。その原因は，酸性水により土壌から溶出した原因物質が湖底の砂泥に大量に堆積していたためであった。

（3）北極地域

　北極地域では，1950年代以降，冬から春にかけて茶色の霞（アークティック＝ヘイズ；北極煙霧層）がかかり，普段は200kmに及ぶ視程が3〜8kmにまで落ちるようになった。アークティック＝ヘイズも酸性雨やPM2.5と同源・同質の環境問題であり，SOxだけでなくPCB・ダイオキシン・DDT等の有機物や，鉛・水銀・ヒ素等の重金属が多量に含まれる。原因物質は，冬季に東欧〜ロシアや北米の工業地域から流入していることが確かめられた。これらの物質は，北極海の魚類・アザラシ・クジラ・ホッキョクグマ等から検出されているだけでなく，イヌイット女性の母乳中のPCB濃度が，白人女性の5倍以上に上る事例が報告されている。

（4）日本：国内型

　日本でも1970年代に工業都市周辺でpH2.9〜3.1の酸性雨が観測され健康被害が問題となった。その後，排煙脱硫装置の設置が進み，1980年代以降の酸性雨は，都市部においてpH4台で推移している。一方，大都市周辺の山地では，1980年代以降酸性霧（pH2.9〜3.0台）の被害が増加した。これは，自動車の排気ガスに含まれるNOxが原因である。同じくNOxから光化学反応によりオゾンO_3が生成され，光化学スモッグが発生する。オゾンが森林地帯に到達すると，フィトンチッド（樹木から放出され，癒やし・安らぎ効果があるとされる）と反応し過酸化水素ガス（H_2O_2：オキシドールはH_2O_2の3%溶液）が発生し，直接生物に悪影響を与えることが明らかとなった。小型内燃機関からの脱硝技術はまだ確立していないため，自動車の利用を減らす（あるいは電気自動車等に置き換える）以外に現状では手立てがない。

（5）日本：長距離型

　1990年代以降，中国における酸性物質の排出量が激増し（図Ⅱ-3-1），現在日本国内に沈着するSOxの排出源は，中国50%，国内工場等20%，火山13%，朝鮮半島12%と見積もられている。NOxやPM2.5等のその他の汚染物質も大陸起源の長距離移送物質が増えている。とくに冬季の日本海側における酸性雪は，いずれアシッドショックをもたらす可能性があり，早急なる対処（風上国における排出量削減）が求められている。1993年以降，日本の呼びかけにより東アジア酸性雨モニタリングネットワーク（加盟13カ国）が発足，その活動により長距離型酸性雨のメカニズムが解明された。また，ODA援助をはじめ，多くの官民による活動（大型工場への排煙脱硫・脱硝装置の設置援助，中小工場・家庭へのバイオブリケットの普及活動など）が進められている。

2. 地球温暖化

　約80万年前以降，地球ではおよそ10万年周期で氷期・間氷期が繰り返されてきた。氷期と間氷期との気温差は，中緯度地域では7〜8℃ほどである。現在（完新世）は，約1万年前から続く温暖な間氷期に当たる。完新世にも何度か寒冷な時期があったことが知られており，もっとも最近の寒冷期は小氷期（Little Ice Age：15〜19世紀）と呼ばれる。気温低下量は地域によって異なるが，中緯度地域では1〜2℃程度，現在よりも低温であっ

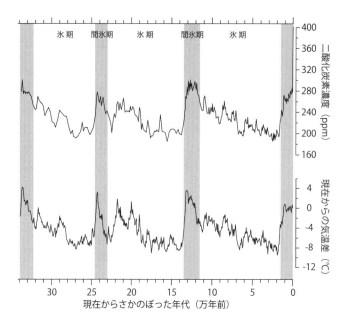

図Ⅱ-3-2　南極, ドームふじ氷床コアから復元された過去35万年間の気温と
二酸化炭素濃度の変動（国立極地研究所ホームページに掲載された図を改変）

たと考えられている。日本でも, 江戸期には江戸の積雪量が現在よりも多かったし, 東北
地方を中心に何度も飢饉があった。小氷期が終わり, 19世紀中頃以降は温暖化が進んだ。
しかし, 1960年代〜70年代前半には寒冷化が生じ, このまま氷河期が始まるのではない
かといった議論もあった。

　1970年代後半以降, 一転して温暖化が加速する。1980年代に入ると, この温暖化は産
業革命期以降の化石燃料の燃焼に伴って排出された温室効果ガス CO_2 の大気中濃度の増加
によるものだとする人為説が, 多くの科学者によって報告されるようになった。1988年,
NASAに所属する科学者・ジェームス＝ハンセンがアメリカ議会で温暖化の証言をして以降,
マスコミに取り上げられる回数も増え, 地球温暖化という用語が広く市民に知られるよう
になった。

　その当時から現在に至るまで, 地球温暖化懐疑論は後を絶たないが, 5次にわたるIPCC
報告を通し, 現在進行中の温暖化が人為の影響の結果として生じていることが広く社会に
受け入れられるようになった。しかし, それでも地球温暖化のメカニズムがすべて解明さ
れた訳ではない。全体像を知る上で, IPCC報告書と共に地球温暖化懐疑論を批判的に解
析した資料（たとえば明日香ほか, 2009）[1] にも目を通しておくべきであろう。大気中
の二酸化炭素濃度は, 氷期・間氷期変動に伴う気温変化に連動して, 200ppm（氷期）〜
300ppm（間氷期）の間で変動してきた。

　産業革命前には280ppm程度であった CO_2 濃度は, 2017年には405ppmに達してい
る（図Ⅱ-3-2）。これは, この数十万年間で初めての出来事であり, 異常事態であること
は間違いない。また, CO_2 以外にも, メタンや代替フロン等の温室効果ガスが温暖化に関
与しており, その温室効果は, メタンが CO_2 の25倍, 代替フロンが CO_2 の数千〜1万倍
である。永久凍土中には大量のメタンガスが封入されており, 今後温暖化の進行により永
久凍土の融解が進むと, 大量のメタンガスが大気中に放出され, 温暖化が加速される可能

性がある。

　2013年から2014年にかけて公表されたIPCCによる最新の報告書（第5次報告書：気象庁，2014；環境省，2014；経済産業省，2014；文部科学省・経済産業省・気象庁・環境省，2014）では，温室効果ガス排出量削減が進まないという最悪のシナリオの場合，今世紀末までに最大で4.8℃の気温上昇，82cmの海面上昇，海水酸性化の進行，北極海の海氷消失，極端な高温や大雨の頻度・強度の増加等が予測されている。以下では，①氷河の縮小，②海水準の上昇，③海水温上昇と海水の酸性化，④異常気象の発生について解説する。

①氷河の縮小：最悪のシナリオでは，南極氷床・グリーンランド氷床を除いた氷河は85%減少する。現在，地球上の多くの氷河が縮小しているが，中には拡大している氷河もある。氷河の拡大・縮小には，氷河が消耗する夏季の気温変動に加え，氷河に涵養をもたらす降雪量変動が重要である。例えば温暖化の影響で氷河の消耗量が増加しても，それを打ち消す以上の降雪が生じれば，氷河は拡大する。北極海沿岸では，温暖化に伴い海氷面積が減少し，そこからの水蒸気供給量が増化したために降雪量が激増，氷河が拡大している地域がある。また南極では，表面海水温の上昇に伴って降雪量が増加し，冬季に発達する1年性海氷上の積雪量が増えた結果として海氷が厚くなっている[2]。

②海水準の上昇：20世紀の100年間で海水準は約20cm上昇した。この上昇には，氷河の融解以上に海水温の上昇＝海水の体積増加が寄与している。地球上に存在する氷河がすべて溶けると，海水準が70m以上上昇すると考えられている。現在，中低緯度の山岳氷河の多くが縮小しており，それと海面上昇とを結びつけた解説をテレビ等で目にすることがある。しかし，地球上に存在する氷の90%は南極に，9%はグリーンランドに，氷床（大陸氷河）として分布し，その他の氷河をすべて合わせてもわずか1%しかない（単純計算で海水準上昇70cm分）。海水準変動を考えるときに重要なのは，南極氷床・グリーンランド氷床の変動である。グリーンランド氷床では急速な融解が生じており，氷床崩壊が発生する可能性も議論されている。氷床崩壊の発生は急速な海面上昇に直結するだけでなく，北大西洋表層水の塩分濃度を下げ，完新世の安定した気候に寄与していると考えられている海洋深層循環（熱塩循環）を止めてしまう可能性がある。熱塩循環が止まると北大西洋海流が弱まり，北大西洋沿岸地域で寒冷化が進む。これがきっかけとなって，氷河期が始まるのではないかという指摘もある[3]。

③海水温上昇と海水の酸性化：海水温上昇と海水の酸性化が進むことにより，とくに極域とサンゴ礁の生態系は大きな打撃を受ける。閉鎖性の高い水域を含め，多くの生物種が絶滅するであろうと考えられている。これは同時に漁獲量の減少を意味している。海水温上昇と海水酸性化の進行に伴い，日本沿岸の珊瑚礁は消失する。

④異常気象の発生：温暖化の進行に伴い，湿潤地域と乾燥地域との間，および同一地域における雨期と乾期との間での降水量の差が増加する。すなわち湿潤地域はより湿潤になり，乾燥地域はより乾燥し，雨期・乾期の差がより顕著になる。同時に異常高温や干ばつ・大雨の強度と出現頻度が増加することとなる。日本では，全国的に積雪が減少し，20世紀末に20年に一度の頻度で生じていた異常高温および大雨が，2050年ころにはそれぞれ3年に一度および10年に一度，21世紀末にはそれぞれ2年に一度および8年に一度の頻度で発生するようになると予測されている。また，1時間降水量50mm以上の災害

に直結する短時間強雨（非常に激しい雨）の年平均発生回数は，日本各地で2倍〜3倍以上に増加する。

　IPCC第5次報告では，地球温暖化の影響を極力低く抑えるために，産業革命以前からの気温上昇を2℃未満に抑える必要があるとされた（現在までに約1℃上昇）。しかし2018年10月に韓国の仁川で開催されたIPCC総会では，気温上昇量を1.5℃に抑えることにより，人間や自然生態系に対する地球温暖化の影響を2℃の上昇に比べかなり低い水準に抑えられることが示された（環境省，2018）。気温上昇量を1.5℃に抑えるためには，CO_2の排出量を2030年までに2010年水準から45%削減し，2050年〜2075年までにゼロにする必要がある。パリ協定で示された各国の数値目標のままでは到達できない数値であり，今後の対応が急がれる。

[長谷川裕彦]

[注]
1）この報告書は以下のサイトからpdf版をダウンロードできる（http://www.cneas.tohoku.ac.jp/labs/china/asuka/_src/sc362/all.pdf#search=%27地球温暖化懐疑論批判%27）
2）第53次（2012－2013年）・第54次（2013－2014年）日本南極地域観測隊では，海氷厚の増加により「しらせ」が2年連続で昭和基地に着岸できず，燃料・物資の補給が滞り，第55次隊以降の越冬を断念する可能性もあった．
3）この考えを元に作成されたのがハリウッド映画「デイアフタートゥモーロー」である．

[引用文献]
・明日香壽川・吉村　純・増田耕一・河宮未知生・江守正多・野沢　徹・高橋　潔・伊勢武史・川村賢二・山本政一郎（2009）『地球温暖化懐疑論批判』TIGS叢書サステイナビリティ学連携研究機構，東京大学．
・環境省（2014）『気候変動2014：影響，適応及び脆弱性　IPCC第5次評価報告書第2作業部会報告書 政策決定者向け要約 技術要約』環境省，37p.
・環境省（2018）『1.5℃の地球温暖化：気候変動の脅威への世界的な対応の強化，持続可能な開発及び貧困撲滅への努力の文脈における，工業化以前の水準から1.5℃の地球温暖化による影響及び関連する地球全体での温室効果ガス（GHG）排出経路に関するIPCC特別報告書』環境省ホームページ（2019.4.14.閲覧）https://www.env.go.jp/press/files/jp/110087.pdf#search=%27地球温暖化+1.5℃%27
・気象庁（2014）『気候変動2013：自然科学的根拠　IPCC第5次評価報告書第1作業部会報告書 政策決定者向け要約』気象庁，31p.
・経済産業省（2014）『気候変動2014：気候変動の緩和　IPCC第5次評価報告書第3作業部会報告書 政策決定者向け要約 技術要約』経済産業省，30p.
・佐藤孝則（2011）社会主義体制が崩壊した頃の中東欧諸国の環境問題．天理大学おやさと研究所年報，18，47-61.
・畠山史郎（2003）『酸性雨』日本評論社，209p.
・文部科学省・経済産業省・気象庁・環境省（2014）『気候変動2014：IPCC第5次評価報告書統合報告書 政策決定者向け要約』文部科学省・経済産業省・気象庁・環境省，36p.

4. 持続可能な開発のための教育（ESD）

1. 地理教育とESD

　地理教育では，これまで世界の様々な問題について広く取り扱ってきた。それを，教科をこえて全体に広げようとするのがESD（Education for Sustainable Development）といえるだろう。日本ユネスコ委員会によると，「今，世界には環境，貧困，人権，平和，開発といった様々な問題があります。ESDとは，これらの現代社会の課題を自らの問題として捉え，身近なところから取り組む（think globally, act locally）ことにより，それらの課題の解決につながる新たな価値観や行動を生み出すこと，そしてそれによって持続可能な社会を創造していくことを目指す学習や活動です」とある。

　中央教育審議会の答申（2016年12月）では，「特に持続可能な開発のための教育（ESD）は次期学習指導要領改訂の全体において基盤となる理念」とされた。幼稚園，小学校，中学校，高等学校のすべての指導要領における基盤理念としてESDは位置づけられるということである。2022年度からの高等学校指導要領でも，前文と総則で共に「持続可能な社会の創り手」という言葉が出てくる。またESDを念頭に置いた「持続可能」という語句を検索すると，最も多く使われているのが社会科で，次が家庭科であった。その中でも最も多いのが地理である。これまでの蓄積が多くあることから考えても，ESDにおいては，地理は最も期待されている科目ということがわかる。

2. MDGsからSDGsへ

　これからしばらくの間は，ESDの中心に置かれる概念がSDGs（Sustainable Development Goals）で，「持続可能な開発目標」と訳される。これは2015年から2030年までの間に，先進国を含めたすべての国で取り組むべき普遍的な課題である。SDGsに先立ち，2000年からの15年間はMDSs（Millennium Development Goals「ミレニアム開発目標」）が採択されていた。

　MDGsとは，2000年9月に開催された国連ミレニアム・サミットで採択された国連ミレニアム宣言と，1990年代に開催された主要な国際会議やサミットで採択された国際開発目標を統合し，1つの共通の枠組みとしてまとめられたものである。MDGsは2015年までに達成すべき8つの目標を掲げており，その下で21の具体的なターゲットと60の指標を設定した。そして，2015年までにそれらの指標を大幅に改善するというのが大きな目標であった。8つの目標は以下のとおり。

　①極度の貧困と飢餓の撲滅
　②普遍的な初等教育の達成
　③ジェンダーの平等の推進と女性の地位向上

④乳幼児死亡率の引き下げ

⑤妊産婦の健康状態の改善

⑥ HIV/ エイズ，マラリア，その他の疾病のまん延防止

⑦環境の持続可能性の確保

⑧開発のためのグローバル・パートナーシップの構築

　では MDGs はどこまで目標を達成できたのだろうか。以下は公表された目標ごとの達成状況である。

①貧困率は半分以下に減少

②小学校の児童の就学率が著しく向上

③教育における男女格差を解消

④乳幼児死亡率は著しく低下

⑤妊産婦の健康状態は一定の改善

⑥ HIV 感染者が多くの地域で減少

　マラリアと結核の蔓延が止まり，減少

⑦安全な飲み水とオゾン層保護の目標達成

⑧ ODA，携帯電話加入者数，インターネットの普及における世界的な進歩

　その一方で，継続する課題として以下が指摘されている。

・男女間の不平等が続く

・最貧困層と最富裕層，都市部と農村部の格差の存在

・気候変動と環境悪化が達成すべき目標を阻んでいる

・紛争は人間開発の最大の脅威である

・数百万人の貧しい人達は，未だに基本的サービスへのアクセスが無く，貧困と飢餓の
　中で暮らしている

　2015 年から次の 15 年を見据えて，国連で「我々の世界を変革する：持続可能な開発のための 2030 アジェンダ」を採択した。そして，MDGs で取り残された問題以外にも新たな問題を加えて，17 の目標と 169 のターゲットが SDGs として設定された。その理念は「誰一人取り残さない－ No one will be left behind」であり，国際社会が 2030 年までに貧困を撲滅し，持続可能な社会を実現するための行動を提唱したものである。MDGs は発展途上地域で達成するべき課題であったが，SDGs はすべての国が取り組むべき課題である。そして，SDGs 達成の最も重要な基盤となるのが教育であるというのは共通の認識となっている。だからこそ，これからの指導要領では特定の教科に偏らずに ESD が求められているということになる。

3. SDGs をどのように扱うのか

　前項で触れたことでわかるように，MDGs の目標は地理の授業とつながるものが多かったが，広く認知されたものではなかった。その後を継ぐ SDGs は，ESD のあり方を示すものとして，これからの指導要領には必然的に組み込まれることになる。

　17 の目標を見ると，SDGs が地理という科目と親和性が高いというのは明らかである。今まで，地理では「持続可能」という言葉をあえて使わなくても ESD を実践して，SDGs に通じるような内容の授業を行ってきた。そういう意味では，ESD が全体を底通する理念となるこれからの指導要領のもとで，高校において地理が必修になるのは必然だったといえるだろう。これからも総合科学としての特性を生かしながら，SDGs と向き合うことが求められる。

4. 地理を学んで課題を「つなぐ」

　ESD においてこれからの地理が担う重要な役割があるとすれば，さまざまなものを「つなぐ」という役割ではないだろうか。SDGs のそれぞれの目標は，単独で解決を目指すものではない。これから多様な課題にアプローチをしていく際にその相互関係を明らかにしていくことは，地理を通じて学ぶからこそ可能なのだと言えるだろう。また同時に，現代社会などの社会科の科目のみならず，理科（生物や地学），家庭科など関係する教科をつなぐ際の中心としての役割も期待されている。

　高校の必修科目となる地理総合では地誌的な内容が含まれないため，地域全体をつないで広く見渡すような授業を組み立てることができない。それでも，項目を整理することで地域の全体像を俯瞰しながら問題にアプローチする取組も可能であろう。地誌的な視点でなければ見えてこない問題もあるはずである。

　社会科を通じて明日の社会を考える際に，その基盤となるのが「持続可能な社会」である。ただ，授業を組み立てる際にあえて SDGs を前面に出す必要はないだろう。授業で諸問題を取り上げたら，それが自然と SDGs に繋がっている程度でも十分だろう。SDGs は ESD にとって重要な分野ではあるが，地理という科目がそれに飲み込まれてはならない。何より，SDGs は「持続可能な開発のための 2030 アジェンダ」の目標である。「持続可能な社会」をめざすのは，2030 年までを区切りとするものではない。地理は，2030 年以降も持続可能な社会をつくっていくために重要な役割を担い続けることになる。

［吉村憲二］

［コラム］移民大国・日本

　ドイツ，アメリカ，イギリスに次ぐ世界 4 位の移民大国，日本。2019 年 10 月現在 166 万人の外国人が働き，外国人登録者は 2019 年 12 月で 283 万人である。

　これまで「外国人技能実習制度」（実習生は 2017 年末で 27 万 5,000 人）という安価な労働力確保の制度で外国人労働者を受け入れてきた。その要点は以下の通り。

　外国人技能実習制度（国際研修協力機構（JITCO）が主管）は，1960 年代後半から海外の現地法人などの社員教育として行われていた研修制度が評価され，これを原型として 1993 年に制度化されている。制度の目的・趣旨は，我が国で培われた技能，技術又は知識の開発途上地域等への移転を図り，当該開発途上地域等の経済発展を担う「人づくり」に寄与するという国際協力の推進である。

　技能実習法には基本理念として「労働力の需給の調整の手段として行われてはならない」と記されている。技能実習生が日本において企業や個人事業主等の実習実施者と雇用関係を結び，出身国において修得が困難な技能等の修得・習熟・熟達を図るものである。期間は最長 5 年とされ，技能等の修得は技能実習計画に基づいて行われる。

　日本国内の労働者を急速に非正規化し，低賃金労働力としてきたここ 20 年の労働政策の転換が前提であるが，安価な外国人労働者を導入するとのこれまでの政策は破綻している。労働目的で来日した外国人を家族ぐるみ「移民」として受け入れ，正社員として雇用するという方向での政策転換が必要だろう。

［柴田　健］

［参考文献］
浅川晃広（2019）『知っておきたい入管法－増える外国人と共生できるか』平凡社新書.

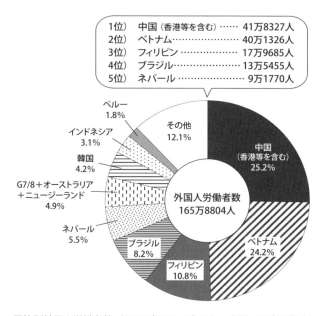

1位)	中国（香港等を含む）……	41万8327人
2位)	ベトナム…………………	40万1326人
3位)	フィリピン ………………	17万9685人
4位)	ブラジル…………………	13万5455人
5位)	ネパール …………………	9万1770人

国籍別外国人労働者数（2019 年 10 月末現在，資料：厚生労働省）

第Ⅲ部　世界の諸地域

1. アジア

1. 中　国

(1) 歩みと人口・多民族

①中国の歩み

　アジア最大の大国であった中国の歴史をふりかえると，清王朝時のアヘン戦争開始の

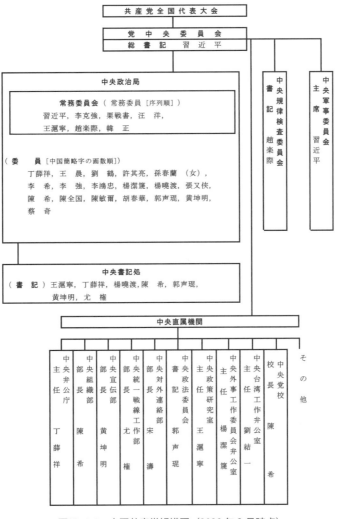

図Ⅲ -1-1　中国共産党組織図（2020 年 3 月時点）
（外務省 HP（https://www.mofa.go.jp/mofaj/files/000380204.pdf））

1840年から1980年の約140年間は，イギリスや日本などの侵略，国土の一部が植民地にされたなどの異質な時代だということをまず考えたい。

　中華人民共和国はアジア太平洋戦争で，鉄道幹線沿いの地域を支配していた日本の退却後，1945年からの蒋介石が指導する国民党と共産党の国共内戦を経て1949年に成立した。その際，敗れた国民党勢力は台湾に移っている。

　現在は，台湾省（中国の呼称／当該地域は「中華民国」と称する）の台北政権との分裂国家だが，韓国・朝鮮とともに第二次世界大戦後の状況が続いている。20世紀末に外交交渉で，イギリスからホンコン（香港），ポルトガルからマカオを取り返し，50年間維持するという「一国二制度」を導入したが，中国政府によるその形骸化と支配強化が進められ，香港では抗議運動が続いている。

　建国時のリーダーだった毛沢東の指導力復活のための策動だった，文化大革命などの混乱を経て，1978年鄧小平が主導する「改革開放政策」をとり，臨海部の経済特区の建設などで経済力が伸張した。

　建国後の指導者の中で，毛沢東，鄧小平，江沢民，胡錦濤，習近平の5名が「党中央の核心」とされている。中国共産党中央委員会総書記，中国共産党中央軍事委員会主席（人民解放軍は国家の軍隊ではない），国家主席の3つのポストを握ると盤石の指導者だとされる。「社会主義市場経済」という社会科学的には理解しづらい概念で自国を規定している。

　1989年6月の学生を中心とした民主化要求の「天安門事件」から2019年で30年が経過した。この運動は東欧民主化の引き金になったとされるが，中国政府は当時，権力者・鄧小平指導の下に，人民解放軍で民主化を要求する運動を弾圧している。鄧小平は「改革開放経済」の推進で外国からの評価は高いが，政治的には抑圧の象徴とされる。市場経済導入と共産党官僚の政治運営の矛盾がどのような形で現れるだろうか。

　2008年の北京五輪をバネにして，2010年には日本を抜いて世界第2位の国内総生産（GDP）を持つに至った。2019年現在，アメリカとITを中心とした経済力の覇権をめぐって，貿易抗争の進行中である。

②世界最大の人口と多民族国家

　2019年末人口は14億5万人であり，2020年にもインドに抜かれるとの予測がある。両国の人口を合わせると，76億人の世界人口の20%近くを占める。

　1人の女性が生涯何人を出産するかという指標「合計特殊出生率」は90－95年に1.95だったが，2016年には1.62に下がるとともに人口急増は鈍化した。一方で，夫婦1組が4名の親の老後をケアするという事態が現れ，一人っ子政策は修正を余儀なくされている。1978年に増加する人口抑制のために導入された一人っ子政策は，とくに都市部で厳格に適用された。しかし出生率の急激な低下によって，早ければ2021年に人口減少社会となることが予測されたため，2015年をもって廃止された。現在は夫婦1組に対して，子どもが2人まで持てる仕組みとなっている。

　56の多民族国家である中国だが，漢民族が国民の91%を超えている。漢民族を少数民族地域に大量に移住させるという，ソビエト連邦が取っていたロシア人移住と同様な移住政策をとっている。建国後の混乱を経て，少数民族居住地域を「自治区」と位置づけている。

　しかし，隣国と接するシンチャンウイグル自治区やチベット自治区では，現地住民の弾

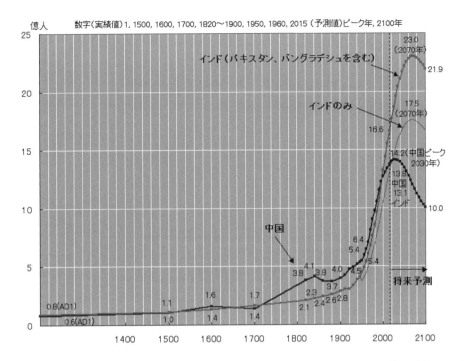

図Ⅲ-1-2　中国とインドの超長期人口推移（資料：Angus Maddison HP 2010.7.13（http://www.ggdc.net/maddison/）国連 World Population Prospects: The 2015 Revision（1950 年〜 2100 年，中位推計）

図Ⅲ-1-3　中国の行政区分
（出典：外務省「ODA　国別地域別政策」）

圧と資源管理が進められており，人権問題が起こっている。

　①コワンシー（広西）自治区（チワン族1,692万人＝以下，2010年データ）

　②ニンシヤ（寧夏）自治区（ホイ族1,058万人）

　③シンチャンウイグル自治区（新疆維吾爾／ウイグル族1,006万人）

　④チベット自治区（西蔵／チベット族628万人）

　⑤内モンゴル自治区（内蒙古／モンゴル族598万人）

の5自治区がそれである。それぞれが国家建設に十分な人口を有している。

③進む監視社会

　共産党による一党政治は，国家権力の集中をもたらし，国民監視が進む社会でもある。中国国内にはすでに3億台を超える監視カメラが設置されていると言われ，近年の顔認証システムの発達とともに，監視の度合いがますます強まっている。実際の犯罪捜査を顔認証を使って行うために，膨大な数の顔画像が蓄積されているという。映画の世界では近未来の状況として描かれているが，実際にそのような社会が始まっているのである。また，北京市では2020年までに交通などで市民がとった行動をスコア化し，高ければ高いほど市民サービスを受けやすくする「個人信用スコア」システムを導入するという。逆にネットなどに詐欺の書き込みやデマ情報をのせたりすれば，このスコアは下がってしまい，行政サービスが受けにくくなる。

　すでにこのような個人データの評価化は，中国では現実のものとなっている。これまでは，医療，住居，学歴などのデータはばらばらに存在し，せいぜい関連づけるのが精一杯だったが，インターネットによるビッグデータ化とAIの発達によって，関連づけたものを評価する仕組みができあがっている。この中には，個人の購買歴や借金歴，返済歴など経済情報や犯罪情報を関連づけることもできる。

　中国では，IT大手のアリババ集団のゴマ信用と言われる金融サービスが使われている。個人の信用度が350〜950点の点数化される仕組みで，スコアをもらうには，身分証，運転免許証，クレジットカードなどの個人情報を「ゴマ信用」のアプリに入力する。すると，アリババでのネット通販の利用状況のほかに借金返済の延滞の有無などの情報とともに，各人のスコアがはじき出される。スコアが高いとホテル宿泊の保証金（海外ではホテル宿泊時に一定の保証金を入れることが求められる）もいらず，飲食店などでの割引も受けられる。それどころか賃貸住宅を申し込むときの条件や恋愛の時の格付けにも使われているとの情報もある。このように，すべての情報が一元化され，評価される社会は国家統制・管理が進むとともに息苦しい社会を産みつつある。2019年末，長江沿岸のウーハンから拡大した新型コロナウイルスは，グローバル化の中でまたたく間に世界中に広がり，多くの被害を与えた。中国では都市封鎖などで対応した。

［大野　新・柴田　健］

(2) 食生活と農業

①中華料理と中国料理

　中華料理店と中国料理店。普段，何気なく使っている言葉だが，実は違いがある。安価で気軽に入れる中華料理店の多くは，角テーブルで食事をする。一方，中国料理店は，店

表III-1-1　「四大料理」および「八大料理」の特徴

	地域	特徴	代表的な料理
八大料理	四大料理　山東料理	味が濃く塩辛い．明，清時代には魯菜が宮廷料理の主流となり，北京，天津，東北各地に対して大きな影響を与えた．	北京ダック，水餃子など
	四川料理	正統四川料理は成都，重慶両地方の料理に代表される．調味料として三椒（唐辛子，胡椒，花山椒）と生姜は欠かすことができない．香辛料を使い辛い．	麻婆豆腐，エビチリ，坦々麺など
	広東料理	広州，潮州，東江の三地方の料理を代表．夏秋には淡白を求め，冬春には濃厚に傾く．味付けには五滋（香り，歯ざわり，臭み，滋味，濃厚さ），六味（酸味，甘味，苦味，塩味，辛味，旨み）の別がある．	飲茶，チャーシューなど
	江蘇料理	唐宋以降は浙江料理と覇を競って"南方食"の二大大黒柱となった．濃厚さの中に淡白さを有し，ふんわりとして香り高く，スープだしは濃厚であるが嫌味が無く，口当たりは柔らかで甘みのある塩味．上海料理もこの系統．	八宝菜，東坡肉など
	浙江料理	特徴は淡白，香り高さ，歯ざわりのよさ，若い柔らかさ，爽やかさ，旨み．	海老の龍井茶炒め，鶏の蒸し焼きなど
	安徽料理	長江沿岸，淮河沿岸，徽洲の三地方料理を代表．特徴は原材料選定が質朴で，火の使い方を重視し，油がきつく色鮮やかで，スープだし，原材料本来の味を維持する．山菜，野生動物，川魚などを使う．	薬膳料理，スッポン料理など
	湖南料理	湘江流域，洞庭湖周辺，湖南省西部の山間地帯の料理を代表．特徴は材料の幅が広く，油濃く鮮やかで，唐辛子，燻製肉を多用．	腊（塩漬け肉）味合蒸，麻辣子鶏，紅煨魚翅（フカヒレ）
	福建料理	特色は色調が美しく，淡白で滋養がある．ハモ，アゲマキ，イカ，イシモチ，ナマコなどの海鮮が豊富．	仏跳墻，酔糟鶏，酸辣爛魚，など

出典：ChinaInternetInformationCenter.

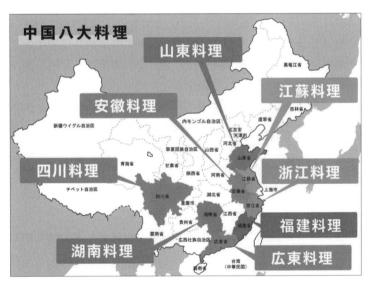

図III-1-4　「八大料理」の分布と主な民族の分布（出典：店通）

の規模が大きく高級，円卓が置かれている．もちろん，店の形態だけがその違いではない．料理そのものが違うのだ．「中華料理」は，日本人向けにアレンジをした中国料理のことで，例えばラーメンやチャーハン，焼き餃子などがこれに当たる．「中国料理」はいうと，中国で食べられている本格的な料理のことで，「四大料理」「八大料理」といわれるものがこれに当たる．教科書記述に多い，「四大中国料理」は日本での呼び方である．

　この「八大料理」を地図上に記してみるとあることに気づく．中国の臨海部に偏っている．確かに，臨海部は魚介類が豊富なので料理も発展したのであろう．その他の土地の「中

国料理」はどうなっているのか。

　ここで民族の分布と照合したい。「中国料理」にほぼ重なる分布をしているのは漢民族である。つまり，日本人は漢民族の料理を指して「中国料理」といっているのである。

　他の民族，チベット族やモンゴル族などの人々はどのような料理を食べているのか。チベット族はヤクを，モンゴル族は羊，馬，ラクダを放牧している。そのことから，牧畜から得られる，乳や肉の料理が主流であることがわかる。

　このように，その土地から得られる食材や人々の生業から生まれる食材を生かし，その地域の環境や生活様式，人々の好みに合わせた味が作られてきたのである。地域の人の多くが支持し，長年続けば，それは食文化となる。中国からやって来た料理は，日本の食文化と交わり「中華料理」として花開いた，といえるのではないだろうか。

②現代中国の食生活

　現代中国の食生活は，どのようになっているのだろうか。グローバル社会と言われ久しいが，当然，都市部を中心に様々な食に関する企業が進出している。ファストフード店をはじめとする外食産業，健康食品会社，調理済みの食品の宅配会社など，様々な食品やサービスが溢れている。

　インターネットの普及したここ10年程は，とくにネットショッピングが盛んである。生活に必要な物は，すべてインターネットを利用してキャッシュレスで購入し，宅配してもらう若者が多いそうである。もちろん，食に関しても同様で，健康志向が強く，家で調理をする場合は食材をまとめて宅配してもらうのだとか。調理をしない場合は安価な外食，または栄養補助食品で済ませるようである。都市部の大学に学びに来た学生や，仕事を求めて出て来た若者を中心に外食産業やインターネットによる購入が利用されており，これらがただ今，急成長している業界なのである。

　都市部では伝統的な中国料理を作って食べる，または中国料理店に食べに行くより，手軽でおしゃれな食が求められており，日本の若者の食生活とあまり変わらない状況にあるといえよう。そして故郷の土地に根差した中国料理（家庭料理）は，普段は食べることなく，時折「おふくろの味」として懐かしむものであるそうだ。

③食を支える農業生産

　再び中国料理に話を戻そう。それぞれの地域の環境や食材，人々の嗜好が関係して食文化を築いてきたことを前述したが，ここでは，それらを支える農業生産について見ていきたい。

　中国は面積960万km²という広大な土地を有している。よって，そこに住む人々は，それぞれの地域の特質（気候，土壌，土地の様子など）に適した作物を選んで栽培していることになる。そして，それらの農業生産物をベースに，独自の中国料理が発展してきたのである。

　中国で栽培されている農産物は，おおまかにいえば，沿岸部である東側では，北が小麦栽培，南は水稲栽培が行われ，山間部である西側では，牧畜が行われている。もう少し詳しく見てみると，小麦栽培でも1月の平均気温がマイナス6℃以下となる北側の地域では春小麦を，マイナス6度以上になる南側では冬小麦をそれぞれ栽培していることがわかる。

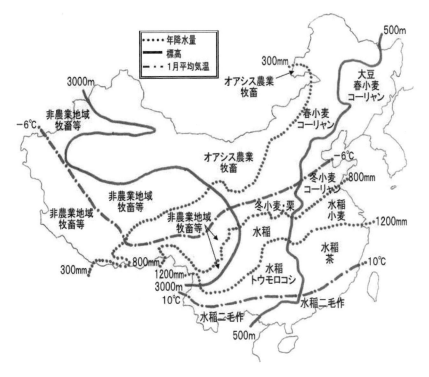

図Ⅲ-1-5　中国の農業分布（出典：ロッシングバッグによる）

また，水稲栽培に関しても同じく，1月の平均気温10℃のラインを境に，温かい南側では二毛作が行われている。牧畜を見ても，年降水量や標高によってオアシス農業のできる地域が限定されてくる。

　つまり，栽培できる作物は平均気温や年間降水量，標高などに大きく影響されることがわかる。しかし，この農業分布はそれだけの要因でできたのではなく，そこに暮らす人々が自然と闘い，工夫や改良を重ね，勝ち得てきた産物として，その土地に農産物が定着していったことを忘れてはならない。

④農業生産の模索

　中国政府は農業生産の向上を目指している。農業の生産性を向上させ，農村の所得を上げることなくして，社会が安定しないと考えているからである。そしてそれは，2003年から15年連続で政策の最重要課題として取り上げていることからもわかる。

　なぜここまで重要視するのか。かつて中国は，人民公社制度のもと農業生産も行われてきた。その後，生産責任制になり農業生産は向上したが，今度は生産過剰により価格の低下を招き，農村の収入は増加しなかった。1980年代の開放政策では，沿岸部が急速な経済成長を遂げたことにより，内陸部との所得格差が大きくなった。このことは，沿岸部の農地面積の減少，内陸部から沿岸部への人口の流出を引き起こすこととなった。そして中国は農業の「三農問題」を抱えることになるのである。「三農問題」とは，農業の生産性が低いこと，農村の共同体の維持が困難なこと，農村の貧困が深刻なことの3つを指す。そして，その根本的な原因が，農村の貧困なのである。

　これに対し，中国政府はこれまでにいくつもの政策を実施してきた。土地請負経営権の

強化，農地の集積，農業税の廃止，補助金の導入，インフラ整備などである。また，直接農業に関わる政策の他にも，農村と市場を繋ぐ交通網の整備が重要であるが，こちらの整備は非常に難しい。よって近年，交通が不便な農村は，村ごと都市部に移転させるという大胆な政策も行っている。

　中国政府は数々の政策を打ち出してきたが，農村の貧困は続いたままで，農村部の高齢化，若者の出稼ぎによる都市部への流出などにより，近年では限界集落もあちらこちらに出現している。一度荒廃してしまった村は，もはや立て直すことは難しい。2006年に約3億5,000万人いた農業従事者は，10年間で10％に当たる3,500万人が減少してしまった。

[久保田嘉一]

(3) 工業化と変わる社会
①世界の工場はいま

　今や，中国が「世界の工場」であることを否定する人はいないだろう。とくに，日本において，工業製品の多くは中国製である。授業をしていると，むしろ日本製のものをあげさせるのに今や苦労するほどである。事実，統計集をみても，鉄をはじめ，大部分の工業製品の世界生産額の1位に中国が登場する。巨大な国内市場のみならず，世界市場に中国製品があふれている。しかし，これだけの生産量をもちながら，中国の企業による製品となると身近には意外に少ない。家電製品や自動車などは日本のメーカーが相変わらず上位を占めている。世界の工場とはいえ，生産部門が中国におかれているだけで，頭脳部門（研究・開発）や企画・営業部門は先進国におかれている場合も多い。

　2019年，ある中国企業の名前がクローズアップされた。深刻な貿易赤字に悩むアメリカが，中国からの輸入関税を大幅にあげる措置をとろうとして，米中の間で貿易戦争が勃発した。また，中国製品の輸入が制限される動きが出て，ファーウェイ製品の国内での販売を禁じる措置をとったのである。ファーウェイがターゲットにされた理由は，この企業が情報通信機器を作っている世界的な企業だからである。情報セキュリティが当たり前の現代社会において，中国製の携帯電話から情報が中国に流出するおそれがあるのではないかという疑いがかけられた。世界でしのぎを削る情報通信機器業界にあって，アップル社が販売しているアイフォンは世界を常にリードしてきた。しかし，機能が高すぎることや高価格であるため，所得の低い国々では，ファーウェイなどの安い製品に人気がある。

　一方，自動車などの大型耐久消費財では，中国メーカーの実力はついてきたものの，海外進出にまではいたっていない。とくに欧米先進国では，かつて韓国車が低価格の車でゲタ代わりの日用車として輸出をのばしたが，中国車はまだそこまでは至らない。しかし，海外メーカー車のデザインと瓜二つの車がモーターショーでも展示されていたようなことは少なくなった。まだまだ中国製といえば，基本的な性能を有して安価であるものの，耐久性やデザインなどはこれからといったイメージがある。しかし，国内市場が成熟していけば，消費者の目も肥えて，やがて国際競争力をもったメーカーが多くなることが予想される。近年は，大気汚染対策として，電気自動車の導入に力を入れている。

②工業を支える出稼ぎ労働者

　巨大な工場群で働く労働者の多くは地方農村から出稼ぎに出てきた労働者である。かつ

ては盲流などともいわれた現金収入を求めて農村から出稼ぎに行く人びと（農民工）が工業生産を支えている。出稼ぎ労働者は 1980 〜 90 年代生まれのいわゆる 80 后や 90 后の世代である。この世代は一人っ子が多く，小皇帝として大切に育てられてきた。わがままと言われる部分もある。とくに農村では，親世代が都市へ出稼ぎに出ており，祖父母に育てられた世代でもある。戸籍は農村戸籍なので，都市で教育を受けることはできない。そのため，学歴は低く，とくに IT 化が急速に進む社会では，専門知識を持たない出稼ぎ労働者が就労することは難しい。

　中国のシリコンバレーと呼ばれる深圳では，出稼ぎ労働者の若者が社会問題化している。深圳郊外の「三和人材市場」は，スマホなどの工場で働く人々を募集する職業紹介所である。100 軒以上のネットカフェや簡易宿泊所が立ち並んでいる。その中で貧困にあえぐ若者たちがいる。スマホで行えるネット賭博にはまって身動きがとれなくなってしまったのだ。元手のお金も高利貸しからネットで借りることができるため，借金だけがふくらんでいく。生活費がなくなると日雇いに出るが，1 日働いても日給 100 元（1 元＝約 16 円）が相場で，月収は 1000 元前後。当初の目標だった 1 〜 2 年働いて，数万元ためたら故郷にもどることはできそうにない。

　工場にとっては，日雇い労働者は便利な存在である。雇用の調節弁となっているのである。経済の好調な深圳では日雇いの求人は多いが，単純な肉体労働が多い。このように身を持ち崩した出稼ぎ労働者の中には，身分証を売るものもいるという。売られた身分証を使って資金洗浄や振り込め詐欺などの犯罪が行われる。中国政府の統計によると，2017 年の出稼ぎ労働者は 2 億 8,652 万人。総人口の 2 割に近い[1]。

③海外進出する中国企業

　次第に力をつけつつある中国企業だが，欧米先進国との競争は厳しい。そこで目をつけたのが，発展途上国への進出である。なかでも，アフリカでは積極的な援助外交を展開している。

　中国のアフリカ援助といえば，タンザニアとザンビアを結ぶタンザン鉄道が知られている。1970 年代に建設され，東アフリカの発展に大きく貢献した。中国の対外援助額（2010 〜 2012 年）を地域別にみると，51.8％ をアフリカが占めている。アジアが 30.5％ でそれに続く。また，分野別にみると，経済的分野が 44.8％ で，社会的分野の 27.6％ を大きく上回っている。つまり，援助のあとには，経済進出が待っているというわけである。その中身は資源開発であり，企業進出である。かつて，欧米や日本がやってきたことを，中国はアフリカで行っている。

　2018 年，中国政府は 3 年間で 600 億ドル（＝約 6 兆 6 千億円）をアフリカに拠出すると発表した。すでに，アフリカへ投資残高は 1,000 億ドル以上で，建設した鉄道，道路の総延長は 5,000km 以上にものぼる。また，進出した企業は 3,200 社にものぼっている。人口増加と発展著しいアフリカ大陸への投資を積極的に進めていることがわかる。

　アフリカの成長国の 1 つエチオピアへは 2006 年以降，積極的な融資が始まった。2015 年までに約 130 億ドルをつぎこんだ。同じくしてエチオピアは高い経済成長率を維持するようになった。アフリカ連合（AU）の本部もあるエチオピアは，2050 年に 1 億 9 千万人の人口を持つ世界有数の人口大国になるとも言われている。

首都アジスアベバの近郊にある工業団地には，約160haの敷地に中国や韓国の企業11社の縫製工場が進出している。革製品製造工場では，地元の女性ら約500人が羊皮の手袋を縫っている。責任者は「製造業は中国や東南アジアからさらに人件費の安いアフリカへというのが自然な流れだ」と語る。国内にはスウェーデンの衣料品チェーンH＆Mも進出。今や巨大なファストファッション工場に変わりつつある。大卒の労働者の給料は月1,500ブル（約6,000円）程度だが，安定した仕事があることで感謝されている。エチオピア政府は国内総生産に占める製造業の割合を2014年度の4.8％から2025年には18.0％にまで引き上げる予定である。それをささえるのは中国である。インフラ整備を進めるとともに中国から大量の中国人がやってくる。移住者はすでに6万人とも言われている[2]。

　歴史的に中国人は世界中に華人ネットワークを作ってきた。彼らは，現地に住み着いて本国から家族や隣人を呼び寄せて社会を拡大させていった。しかし，現在はアフリカの例にみるように，国家ぐるみでの華人ネットワークが構築されようとしている。

　また，その一方でアフリカ諸国の対外債務も増加している。中国の借款は欧米や日本より高金利と言われ，債務の増加が国家経済に与える影響も大きい。2018年の発表では，中国は債務返済期限を迎えながら返済不能となった債務と，無利息借款については返済免除を認めた。

④世界経済の牽引車，中国の動き

　中国は2013年，習近平国家主席が「一帯一路」構想を打ち出した。アジアとヨーロッパを陸路と海上航路で結び，貿易を活発化させるとともに経済成長に結びつけようというものである。現代版「シルクロード」と位置づけている。実際には，内陸の鉄路を使って大量の物資が，中国とヨーロッパの間を往来するようになった。また海路の充実をはかるために，世界各国の港の使用権を持つようになった。

　このように世界にとって大きな影響力を持つ中国経済の動向は，直接日本経済を直撃する。冒頭述べたように，米中の対立が激化し，中国経済に影響が出ると，日本も対岸の火事ではすまされない。中国の不況は日本企業の売り上げに直結し，製造業の停滞は日本の部品生産にも影響する。かつて「アメリカがくしゃみをすれば，日本が風邪を引く」ととらえられたが，今や「中国がくしゃみをすれば世界が風邪をひく」時代となっている。国家統制を強めつつある中国の政治や社会の動きにも目を配る必要があるが，経済の動向は日本社会そのものに大きな影響を与えていることを忘れてはならない。

［大野　新］

［注］
1) 朝日新聞 2018年9月25日朝刊，9面.
2) 朝日新聞 2018年7月29日朝刊，1面.

2. 韓国・朝鮮

本稿では大韓民国を「韓国」，朝鮮民主主義人民共和国を「朝鮮」と表記する。

(1) 日韓関係

　関係がこじれている日韓関係を考え直すには，「日韓併合」時代と国交回復を見つめることが大切である。1910〜45年の「日韓併合」について，1965年に両国が国交を結んだ「日本国と大韓民国との間の基本関係に関する条約＝日韓基本条約」の際，併合を日本は合法，韓国は不法と認定し，玉虫色の決着をみた。

　第2条　1910年8月22日以前に大日本帝国と大韓帝国との間で締結されたすべての条約及び協定は，もはや無効であることが確認される。

　第3条　大韓民国政府は，国際連合総会決議第195号（Ⅲ）に明らかに示されているとおりの朝鮮にある唯一の合法的な政府であることが確認される。

　この2条，3条の曖昧さが現在の日韓関係に影を落としている。2条の「無効」とは，日本側は期限切れと解し，韓国側は日韓併合そのものが不法だから無効だとした。これが慰安婦，徴用工などに対する個人賠償の判断に影響している。3条は，日本のその後半世紀以上の朝鮮半島に対する歪んだ認識の原型である。朝鮮半島の半分を実効支配している「国家」を否定することは理性的ではない。

　「日韓併合」後の1919年，朝鮮半島で起きた抵抗運動から100年，韓国では以下の大統領演説が行われた。日本の報道機関は「要旨」程度しか紹介していないため，韓国紙の翻訳[1]から抜き出してみた。

［3.1独立運動100周年　文在寅（むんじぇいん）大統領演説　（2019年3月1日）］

　3月1日正午，学生たちは独立宣言書を配布しました。午後2時，民族代表たちは泰和館で独立宣言式を持ち，タプコル公園では，5,000余人と共に独立宣言書を朗読しました。

　あの日，私たちは王朝と植民地の百姓から共和国の国民として生まれ変わりました。独立と解放を超え民主共和国のための偉大な旅程を始めました。〔中略〕

　3月1日から2か月の間，南・北韓地域にまたがり全国220の市郡のうち，211の市郡で万歳運動が起こりました。万歳の喚声は5月まで続きました。当時，朝鮮半島の全人口の10%におよぶ202万人が万歳運動に参加しました。7,500余人の朝鮮人が殺害され，16,000余人が負傷しました。逮捕・拘禁された人の数は，46,000人に達しました。

　最大の惨劇は，平安南道の孟山で起きました。3月10日，逮捕，拘禁された教師の釈放を求めた54人の住民を日帝は憲兵分所の前で虐殺しました。京畿道華城の提岩里では教会に住民たちを閉じ込め火を放ち幼い子どもを含む29人を虐殺するなどの蛮行が続きました。しかしそれとは対照的に，朝鮮人の攻撃により死亡した日本の民間人はただの一人もいませんでした。〔中略〕

　尊敬する国民の皆さん，親日の残滓を清算することは，あまりにも先送りにしてきた

課題です。間違った過去を省察するとき私たちは共に未来へと歩んでいけます。歴史を正すことこそが子孫が堂々といられる道です。民族精気の確立は，国家の責任であり義務です。

　今になって過去の傷を掘り起こし分裂を起こしたり隣国との外交で葛藤となる要因を作ろうということではありません。すべて望ましくないことです。<u>親日残滓の清算</u>も，外交も，未来志向的に行われなければなりません。<u>「親日残滓の清算」は親日は反省すべきことで，独立運動は礼遇されるべきことであるという最も単純な価値をただすこと</u>です。この単純な真実が正義で，正義がただされることが公正な国の始まりです。日帝は独立軍を「匪賊」と，独立運動家を「思想犯」と見なし弾圧しました。

〔中略〕

　尊敬する国民の皆さん，過去100年，私たちは公正で正義が実現する国，人類みなの平和と自由を夢見る国に向けて歩んできました。植民地と戦争，貧困と独裁を克服し，奇跡のような経済成長を成し遂げました。<u>4.19革命と釜馬（ぶま）民主抗争，5.18民主化運動，6.10民主抗争，そして，ろうそく革命を通じ平凡な人々が各自の力と方法で私たち皆の民主共和国を作り出しました</u>。3.1独立運動の精神が，民主主義の危機を迎える度によみがえりました。

　「新朝鮮半島体制」は私たちが主導する100年の秩序です。国民と共に，南北が共に，新しい平和協力の秩序を作り出していくことでしょう。〔中略〕私たちの一途な意志と緊密な韓米協調，米朝対話の妥結と国際社会の指示を土台に恒久的な平和体制の構築を必ず成し遂げます。「新朝鮮半島体制」は理念と陣営の時代を終わらせた，新しい経済協力共同体です。朝鮮半島で「平和経済」の時代を開いていきます。金剛山観光と開城工業団地の再開方案も米国と協議していきます。南北は昨年，軍事的敵対行為の終息を宣言し「軍事共同委員会」の運営に合意しました。非核化が進むならば南北間に「経済共同委員会」を構成し南北すべてが恩恵を受ける，経済的な成果を作り出せることでしょう。南北関係の発展が米朝関係の正常化と日朝関係の正常化につながり，東北アジア地域の新しい平和安保秩序に拡張していくことでしょう。〔中略〕

　朝鮮半島の平和のために日本との協力も強化していきます。「己未獨立宣言書」は3.1独立運動が排他的な感情ではなく全人類の共存共生のためのものであり東洋の平和と世界平和へと歩む道であることを明らかに宣言しました。「果敢に永い間違いを正し真の理解と共感を土台に，仲の良い新たな世界を開くことが互いに災いを避け，幸せになる近道」であることを明かしました。今日にも有効な私たちの精神です。過去は変えることはできませんが，未来は変えることができます。歴史を鏡にし，韓国と日本が固く手を結ぶ時平和の時代がはっきりと私たちの側に近づいてくるでしょう。力を合わせ，被害者たちの苦痛を実質的に治癒するとき韓国と日本は心が通じる真の親友になることでしょう。

　世界は今，両極化と経済不平等，差別と排除，国家間の格差と気候変化という全地球的な問題解決のために新たな道を模索しています。「革新的包容国家」という，私たちの挑戦を見守っています。私たちは変化を恐れずむしろ能動的に利用する国民です。私たちは最も平和で文化的な方法で世界の民主主義の歴史に美しい花を咲かせました。1997年アジア外貨危機，2008年グローバル金融危機を克服した力もすべての国民から出た

ものです。私たちの新たな100年は平和が包容の力につながり包容が，共に良く暮らす国を作り出す100年になることでしょう。包容国家への変化を私たちが先導することができ，私たちが成し遂げた包容国家が世界の包容国家のモデルになれると自信を持っています。――

　日本では理解されていないが，韓国では軍事政権から民主共和国に変貌した「4.19革命，釜馬民主抗争，5.18民主化運動，6.10民主抗争，ろうそく革命」は，日本だと戦後民主化に匹敵する大きな変化である。現在は日韓基本条約を結んだ軍事政権とは異なる国家だとの認識が必要だろう。

(2) 韓国経済

　韓国の主要産業は，電気・電子機器産業，自動車産業，鉄鋼産業，石油化学産業，造船産業である。サムスン（三星／電子・電気製品，重工），ヒュンダイ（現代／自動車），SK（半導体，化学），LG（電子・電気製品），ロッテ（日本のロッテHDの一部／食品，流通，化学）が5大財閥である。

　これまで2～3%台のGDP成長率を示し続けてきた韓国経済は，2018年も2.9%の成長が見込まれている。貿易立国を軸にした産業推進は変わらぬ勢いを保っており，サムソンをはじめとする大財閥グループが，エレクトロニクス分野を中心に引続き高いプレゼンスを発揮している。韓国はG7の中で最も高い成長率を維持しており，アジアにおいて，韓国と日本2カ国のみがOECDに加盟していることから勘案して，今後も日系企業は韓国の産業動向の影響を大きく受けていくことが予測される。

　主要産業のうち，半導体は依然好調で全体の成長を牽引しているものの，自動車・ディスプレイ・無線通信機器は低迷が続いており，造船も構造調整・受注不振の影響で毎年大きく輸出量を減らしている。自動車はTHAAD問題による中国での販売台数減少の影響が薄まってきたものの，内需不振やGMの撤退，対米貿易摩擦への懸念など，不安材料は継続的に存在している。スマートフォン・家電は昨年から不振が続いており，市場飽和と中国企業の技術発展により，好転の兆しが見つけられずにいる。ディスプレイは，昨年は需給バランスの要因もあり好調であったが，中国企業のLCD生産能力拡大に伴う供給過剰により単価が下落し，韓国企業の収益力は想定以上に早く悪化し始めた。韓国産業研究院の輸出増加率見通しを見ると，17年に比べて多くの産業において，輸出増加率が悪化していることがわかる。昨年の好調の反動はあるものの，昨年程度の増加率に転じる材料が乏しいのが現状だ。OLEDや二次電池，バイオ製薬といった分野は既に技術的優位性をもち，市場の本格的な拡大を待っている局面ではあるものの，次世代産業はまだ成熟していない。AIやロボット，フィンテックといった分野では出遅れ感もあり，キャッチアップが必要であろう。また，政府の労働者保護政策による最低賃金の急激な引き上げや週52時間労働制が開始され，国内で製造を行う輸出企業にとっては負担が増加している。

　韓国の合計特殊出生率は，OECD加盟35カ国の中で最低水準（2014年は1.21人で，同年のデータが未発表のカナダ，チリを除いて最下位。日本は1.42人で9番目に低い）。韓国統計庁の推計（2016年12月）による総人口および生産年齢人口の見通しは以下のとおり。生産年齢人口は，2017年から減少に転じている（日本は，1990年代に減少に転じた）。

　《総人口》5,101万人（2015年）→ 5,296万人（2031年）→ 4,302万人（2065年，

表Ⅲ-1-2　韓国・主要統計（GDP）

	2012 年	2013 年	2014 年	2015 年	2016 年	2017 年
GDP 成長率	2.3	2.9	3.3	2.6	2.7	3.1
1 人当り GDP（ドル）	23,032	25,993	27,982	27,214	27,450	29,744
物価上昇率（％）	2.2	1.3	1.3	0.7	1.0	1.9
失業率（％）	3.2	3.1	3.5	3.6	3.7	3.7

外務省資料（大韓民国基礎データ）

1990 年水準）《生産年齢人口》3,763 万人（2016 年，）→ 2,062 万人（2065 年）

(3) 朝鮮経済

　日本植民地下の 1927 年，日本窒素肥料株式会社が朝鮮窒素肥料株式会社と朝鮮水力電気株式会社を設立し，朝鮮の興南（現・朝鮮咸鏡南道咸興市）をはじめ，朝鮮半島各地にアメリカの TVA より大規模な化学コンビナートや水豊ダム，水力発電所を建設する。日帝の工業面での収奪対象は朝鮮北部であった。日窒は，戦後水俣に戻りチッソになる。

　朝鮮の主要産業として挙げられるのは，農業と観光業と鉱工業である。朝鮮戦争（1950－53 年）後，米国からの制裁に武力を強化する反作用で対応してきたので，経済制裁は朝鮮の核・ミサイル保有を国内で正当化する理由となっている。中国との経済関係が，2017 年に中国の経済制裁参加により鈍化・低迷した。これは朝鮮経済に負の影響を与えている。中国の朝鮮からの輸入は，主な輸入品目である石炭，鉱物，水産物の輸入禁止措置により激減し，繊維類の委託加工輸入も 12 月中旬から中止となったことで，一部の品目を除き，年末にはほとんどの品目で輸入が激減した。

　朝鮮は中国に鉱産物，水産物，繊維類の輸出停止で，2018 年には 2016 年基準で年間18 億ドルの輸出減少となり，中国への 2016 年基準輸出総額 2 億ドルの 86% を失うことになるだろう。中国の朝鮮輸出は 2017 年 8 月以降に前年同期比で減少となった。10 月から 12 月まで朝鮮の外貨不足が現れ，中国の対朝輸出がほとんどの品目で減少した。とくに，産業設備の機械類と鉄鋼・金属，プラスチック製品，生活用品などの輸出が減少し，今後は朝鮮の産業近代化と国民の生活に悪影響と市場経済化の鈍化が現れると考えられる。朝鮮は食料の自給，輸入原料や設備，消費財の国産化で対応し，自立経済システムを強化することで対応している。しかし，朝鮮には経済的苦難が深刻化する可能性が高い。

　現在の経済制裁のうち注目する点は，原油・石油製品の対朝鮮輸出統制である。年間 50万 t 台の原油輸出は中国が継続しているが，この停止と共に石油製品の輸出が制限されると朝鮮の道路運送に深刻な影響が出る。朝鮮の市場経済はトラックやバスなどの道路運送に大きく依存しているが，これが止まる人民経済を直撃する。朝鮮経済の市場化を望むならば石油製品の供給は必須である[2]。

[柴田　健]

［注］
1）韓国紙の翻訳.
2）日本貿易振興機構（ジェトロ）海外調査部中国北アジア課（2018）「2017 年度　最近の北朝鮮経済に関する調査」

3．ASEAN 諸国

(1) 東南アジアの文化と社会

　東南アジアでは，インドシナ半島やインドネシアという地名があらわしているように，インド文化圏と中国文化圏の間に位置し，それぞれの文化圏から影響を受けてきた。宗教の面では，インドからヒンドゥー教と仏教が伝えられ，ベトナムには中国から儒教・大乗仏教・道教が伝えられた。さらに，13 世紀にはイスラームが広がりはじめ，16 世紀以降はヨーロッパ諸国の進出により，海岸部やフィリピンの島々にキリスト教が布教された。ブルネイではマレー語の表記にアラビア系のジャウィ文字がローマ字とともに使われているが，その他の島嶼部ではローマ字が多く使用されている（フィリピンのフィリピノ語と英語，インドネシア語，マレーシア語，東ティモールのテトゥン語とポルトガル語）。シンガポールでは，漢字（華語），ローマ字（マレー語），インド系のタミル文字（タミル語）が使用されている。

　東南アジアの宗教圏は，それぞれの国民の多数が信仰する世界宗教によって区分されている。大陸部のミャンマー，ラオス，カンボジア，タイは上座部仏教圏，ベトナムは儒・仏・道（儒教・仏教・道教）混成宗教圏，島嶼部のマレーシア，インドネシアはイスラーム圏，フィリピンはキリスト教（カトリック）圏であるが，その基層にアニミズム（精霊信仰）が存在し，それが各地での日々の宗教実践に大きな影響を与えている。

　また，それぞれの宗教圏には少数派宗教が存在している。インドネシアでは約 10% がキリスト教徒であるが，その実数は約 2,600 万人ともなり，東南アジアでは，フィリピンに次いで多い。フィリピンではムスリム（イスラーム教徒）が南部のミンダナオ島を中心に総人口の約 5% おり，南西部のバンサモロ地域では反政府勢力が分離・独立を求めて紛争が続いていた。2018 年 5 月に，イスラーム自治政府の設立を認めるバンサモロ基本法が成立したが，この紛争終結に向かう契機となったのが，2010 年，成田で行われた大統領と反政府勢力のリーダーの会談であり，その開催に日本外交が大きな役割を果たした。

　東南アジアの文化には多重複合性があるということにも留意する必要がある。現在，大乗仏教を国教としているタイと，イスラームを国民の多数が信奉するインドネシアの国章が，ともにヒンドゥー教の神鳥ガルーダであることは，それを象徴している。

　文化の多重複合性を理解するには，歴史を知っておく必要がある。5 世紀から 10 世紀の間，東南アジアはインドからの直接的な文化的影響が強く，その後も大陸部では 13 世紀頃，島嶼部では 15 世紀頃まで，インド的な原理に基づく王国が勢力を持ち続けた。現在，大陸部の各国で使用されている文字の多くはインド系の文字である（ミャンマーのビルマ文字，タイのタイ文字，ラオスのラオ文字，カンボジアのクメール文字，ベトナムはローマ字）。

　大陸部では，ベトナム中南部に建国されたチャンパー（林邑）が，当初中国の影響を受けていたが，4 世紀末頃からインド化した。その頃のヒンドゥー教遺跡がミーソンに残されている。この国は，13 世紀頃からイスラーム化し，19 世紀には阮朝によって滅ぼされた。6 世紀にはクメール人による王国がメコン川中流域に出現し，ラオス南部にワット・プー寺院を建立した。7 世紀にはメコン・デルタ南部まで勢力を拡大，その後一時分裂，802

年に統一され，カンボジアのトンレサプ湖北方に都をおいた。これ以降，15世紀までがアンコール朝の時代である。12世紀前半にはアンコール・ワット，12世紀後半には巨大都市アンコール・トムが建設された。アンコール朝の王はヒンドゥー教または大乗仏教を信奉したが，15世紀前半には，上座部仏教を信奉するアユタヤの侵攻を受け，都をプノンペンに移し，上座部仏教を受容した。ヒンドゥー寺院として建設されたワット・プーもアンコール・ワットも現在は上座部仏教の施設になっている。

　島嶼部では，8〜9世紀にジャワ島中部に出現したシャイレーンドラ王国は大乗仏教を信奉し，ボロブドール仏教寺院を建立した。また，14世紀に最盛期を迎え，島嶼部全体に広く影響力を及ぼしたマジャパヒト王国はヒンドゥー教を信奉していたが，15世紀になるとマラッカ海峡の覇権を，イスラームを信奉するマラッカ王国に奪われた。16世紀にはジャワ島全土がイスラームに改宗した結果，マジャパヒト王国の支配領域のなかでバリ島に，アニミズムや祖先信仰と結びついて，ヒンドゥー教の伝統が残ることになった。

　20世紀はじめ，バリ島を植民地としたオランダは，バリ島の伝統文化をヒンドゥー文化と位置づけ，保護しようとした。バリの人々の文化を守ることで，植民地統治の正当性を宣伝するとともに，当時イスラームの影響を受けジャワ島で盛んになりつつあった民族主義運動からバリ島を切り離そうという意図があった。また，第一次世界大戦後，ヨーロッパの人々には，物質文明への自己批判から，バリ文化は魅力的なものに映り，ヨーロッパからの観光客が増加した。現在のバリ文化は，西洋文明との出会いや観光化のなかで，つくり出された伝統文化である。

　東南アジアには，多くの民族が存在し，国家を構成している。ブルネイはマレー系65.7%，華人系10.3%，その他先住民族3.4%，その他20.6%，カンボジアはクメール97.6%，チャム1.2%，華人系0.1%，越系（Vietnamese）0.1%，その他0.9%，インドネシアはジャワ40.1%，スンダ15.5%，マレー系3.7%，バタク3.6%，マドゥラ3.0%，その他34.1%，ラオスはラオ53.2%，カム11.0%，モン2.1%，その他26.6%，ミャンマーはビルマ68.0%，シャン9.0%，カレン7.0%，その他16.0%，フィリピンはタガログ28.1%，セブアーノ13.1%，イロカノ9.0%，ビサヤ7.6%，その他42.2%，タイはタイ97.5%，ビルマ1.3%，その他1.2%，ベトナムは越（Viet）85.7%，その他3.2%，シンガポールは，華人（中国系住民）が74.3%，マレー系13.4%，インド系9.1%，その他3.2%，マレーシアはマレー系50.1%，華人系22.6%，先住民11.8%，インド系6.7%，その他8.9%である[1]。

　シンガポールは，アジア太平洋戦争中，日本軍に占領され，「昭南島」と命名された。占領期，日本軍によって多くの華人が虐殺された。大量に発見された遺骨を埋葬し，慰霊のために建てた塔が日本占領時期死難人民記念碑（血債の塔）である。中央に金属製の壺があり，それを囲んで4本の柱が立つ。説明のためのプレートは英語，華語，マレー語，タミル語のものがそれぞれある。セントーサ島の戦争博物館には，日本占領時期についての展示がある。山下奉文がパーシバルに降伏を迫る場面が蝋人形で再現されている。また，日本軍降伏の調印式も場面も蝋人形で再現されている。展示の終わりは，広島に投下された原爆のキノコ雲の大きな写真である。

　マレーシアの英語の副読本[2]は，日本軍が侵攻してきたクアラルンプールの寄宿舎から，華人の少年が，マレー系住民に助けられ，マレー風の名を名のり，マレー風の衣装を着て，

ネグリセンビラン州の農園（エステート）にある実家に帰る物語である。少年の家族は，インド系の医師に匿われて，その医師の家で再会を果たすのである。この物語では，虐殺の対象になっているのが，華人であることが描かれている。

　シンガポールでもマレーシアでも虐殺の対象となったのは華人，そこに日中戦争とアジア太平洋戦争との連続性が指摘できる。華人系，マレー系，インド系の人物が登場することにも注目したい。

(2) ASEAN

　東南アジア諸国連合（ASEAN）は，1967年，フィリピン，マレーシア，インドネシア，シンガポールとタイの外務大臣によるバンコク宣言により，地域の信頼醸成を目的に設立された。その後，1984年ブルネイ，1995年ベトナム，1997年ミャンマー，ラオス，1999年カンボジアが加盟しいわゆるASEAN10となり，東南アジアのほぼ全域をカバーする国際組織となった。面積は約445万km^{2}で，EU28カ国の面積（429万km^2）とほぼ同じ，人口は約6億5,000万人で，EUの約5億人よりも多い。ASEANを反共同盟として捉えることがあるが，バンコク宣言には「1. 東南アジア地域の経済成長，社会的進歩，文化的発展の促進」「2. 地域内の平和と安定の促進」などとあり，むしろ，周辺地域からの脅威を低下させ，国内統治や経済問題に集中するために善隣友好を必要としていたと考えられる。しかし，設立後の地域協力は実質的にあまり進展せず，最初の首脳会議が開催されたのは1976年であった。同年，加盟国は，地域紛争の平和的解決，相互主権尊重，内政不干渉などを定めた東南アジア友好協力条約を締結し，善隣友好関係の制度化を進めた。

　その後，ASEANの地域協力が本格化するのは，1990年代である。EU，北米自由貿易地域（NAFTA）の地域統合や中国の台頭に影響され，域内の関税引き下げの取り組み，すなわち，ASEAN自由貿易地域（AFTA）の形成を進めてきた。2000年代に入ると，その域内協力は，単にAFTAによる市場統合にとどまらず，2015年には，①安全保障，②経済，③社会・文化の3つの共同体形成を通じたASEAN共同体が創設された。このうち，ASEAN経済共同体は，AFTAを原型とする経済連携の枠組みで，域内自由化の対象をモノだけではなくサービスや投資にも広げようとするものである。

　また，アジア太平洋地域の主要国（中国，韓国，インド，オーストラリア，ニュージーランド）と自由貿易協定（FTA），日本とは包括的連携協定（EPA）を締結し，経済関係を強化している。それぞれは個別に締結された協定であるが，結果的には，ASEANを中心としたアジア・太平洋地域のETA・EPAネットワークを実現させることになっている。日本の自動車会社がタイを拠点に部品を調達し，完成車を日本に輸出するなど，生産工場を地域内に分散させる国際分業も進んでいる。

　ASEANの貿易相手国・地域の推移（物品）は，1980年から2016年にかけて，輸出額は717億ドルから1兆1,382億ドル，輸入額は656億ドルから1兆769億ドルに増加し，輸出入ともに，ASEAN（輸出17%→24%，輸入14%→23%）と中国（輸出1%→13%，輸入3%→20%）の比率が高まっているが，比率が低くなっている日本（輸出30%→8%，輸入22%→10%）やUSA（輸出16%→11%，輸入15%→8%）でも額は増加している[3]。ただし，ASEAN域内貿易は近年輸出入とも低下傾向にあり，中国の比率が高まっている。

1980年には一次産品が輸出品（タイは米・野菜・天然ゴム，マレーシアは原油・天然ゴム・木材，インドネシアは原油・石油ガス・木材であったが，2016年には機械類が主になっている。そのなかでも集積回路（シンガポール，フィリピン，マレーシア）や通信機器（シンガポール，ベトナム）が占める割合が大きいが，石炭，原油（インドネシア），液化天然ガス（インドネシア，マレーシア）やパーム油（インドネシア，マレーシア）も重要な輸出品である。パーム油は世界一使われている植物油でパンや菓子，洗剤などの原料である。インドネシアでは泥炭地や森林を焼き払って，パーム油を取るためのアブラヤシ園にされ，地球環境問題の原因になっている。また，児童労働の問題も報告されている。

　ASEAN域内の経済格差は大きい。2018年の1人あたりGDP（単位米ドル）は，シンガポール6万4,582，ブルネイ3万1,628，マレーシア1万1,239，タイ7,274，インドネシア3,894，フィリピン3,103，ラオス2,568，ベトナム2,343，カンボジア1,512，ミャンマー1,326[4]である。各国内の経済格差について，所得分配の不平等さを示すジニ係数（1に近づくほど不平等の度合いが高い）は，マレーシア0.46，フィリピン0.43，タイ0.40，カンボジア0.38，ラオス0.37，ベトナム0.36，インドネシア0.34となっている[5]。比較的経済成長に成功している国々のジニ係数が大きく，所得格差が大きい傾向にあり，ASEAN諸国において，解決すべき課題となっている。

　2017年に国際連合総会で核兵器禁止条約が採択された。東南アジア諸国は，棄権したシンガポールを除き，ASEAN9カ国と東ティモールが賛成した。東南アジアでは，約50年前から非核化への動きが進められている。1971年，ASEAN外相会議において，東南アジア非核地帯条約が，クアラルンプール宣言として採択された。1995年のASEAN首脳会議で10カ国により署名され，97年に発効した（通称，バンコク条約）。この条約では，締約国の領海，大陸棚，排他的経済水域での，締約国による核兵器開発，製造，保有，管理，配置，運搬，実験，使用を禁止し，放射性物質，放射性廃棄物の投棄，排出，処分等を行わず，他国に対してもこのような行為（運搬を除く）を禁ずるものである。この条約成立の背景には，1992年，フィリピンのスービック米海軍基地が返還されるなど，冷戦終結後の軍縮の機運の高まりがあった。また，条約の議定書には，核兵器国の核兵器の使用及び使用の威嚇等を禁じる条項があるが，核兵器国はすべて未署名である。

[松尾良作]

[注]
1）日本ASEANセンター「ASEAN情報マップ　2017年11月改訂版」
2）『Escape from Janpanese Soldier』
3）前掲1）
4）アジア大洋州地域政策参事官室「目で見るASEAN － ASEAN経済統計基礎資料－令和元年8月」
5）国連開発計画編（2014）『人間開発報告書　2014年』CCCメディアハウス.

4. インド－ヒンドゥー至上主義と発展する ICT 産業

(1) モディ政権のヒンドゥー至上主義と経済の展望

　13 億の人口大国であるインドは，近年高い経済成長を続けている。OECD が発表した 2020 年までの経済見通しでは，G20 メンバー国の中で，唯一 7% を超える高成長を維持する見通しとなっている。

　インドでは 2014 年にシン政権からモディ政権に変わった。そして 2019 年 5 月の総選挙（下院選挙，542 議席）で，モディ首相率いるインド人民党が 353 議席を獲得し圧勝し 2 期目に入った。有権者は約 9 億人いるが，このうちヒンドゥー教徒が約 8 割を占めている。

　圧勝の背景には人民党が掲げるヒンドゥー至上主義への広い支持があったといわれる。今回の選挙では，8 割を占めヒンドゥー教徒に訴える政策として牛の食肉処理の禁止，違法移民の取り締まりなどを打ち出していた。また 2019 年 2 月にカシミール地方で発生したイスラーム過激派のテロに対し，モディ首相がパキスタンへの空爆という強硬姿勢をとったことで，支持率が回復していた。他方，こうしたヒンドゥー至上主義により，イスラームが殺害されるなどの事件が起きた。ヒンドゥー至上主義は宗教少数派との対立を深める可能性をはらんでおり，宗教対立による社会の分断が生じない政策をとることが重要である。

　政権 1 期目に成長率の加速および物価安定に成果をあげ，財政および経常赤字の縮小も一定程度であるが実現した。他方，雇用の停滞，製造業の GDP 比率は約 16%（目標 25%）で横ばいだった。2 期目では，製造業などでの雇用の増加，農民所得増加のための農民政策，インフラ整備が大きな課題となっている。ヒンドゥー教の思想の影響からトイレを有していない家庭が多く，5 億 2300 万人が屋外で排泄しているという推計もあり，衛生上の社会問題となっている。モディ首相は，早急に 1 億 2000 万世帯へのトイレ新設を目指している。

(2) 経済自由化への道

　インドは 1990 年代の経済の構造改革が実を結び，経済発展の道をひた走り，自信を深めている。独立（1947 年）後，ネルー首相の指導のもとで社会主義的計画経済を選択し，国家主導の混合経済体制に基づく経済発展をめざした。しかし，1960 年代の後半頃から経済の停滞が目立つようになり，そのため 80 年代になると経済の部分的自由化に転じた。

　1991 年に打ち出された「新経済政策」によってインドは本格的な経済開放体制に移行した。「新経済政策」は，貿易政策の改革，新産業政策，租税・金融改革にわたる幅広い内容をもっていた。とくに産業政策面で保護主義的な工業化路線から，積極的な外国の資本・技術導入路線に転じたことである。インドは今や中国とともに世界に残された最後の巨大市場であると認識されるようになり，海外企業の進出ラッシュにより海外からの直接投資が急増した。とくに 1990 年代以降，外国の資本・技術導入により自動車や IC（コンピューター）などの工業が発展した。その後，ICT サービス産業の発展が著しい。

（3）消費ブームと工業

①消費ブーム

　1990年代の工業化と経済発展を受けて，インドでは消費ブームが訪れている。自転車，腕時計，ラジオはすでに全階層に普及し，さらにカラーテレビ，冷蔵庫，スクーター（「三種の神器」）も普及し，最近では自動車の時代を迎えている。

　インドはこれまで，膨大な貧困層とごく少数の金持ちという二極分化した社会のイメージがあった。確かに，2000年の所得階層分布のデータでも低所得層（年収5千ドル未満）に分類される世帯は全体の93%及んでいた。しかし2010年には低所得層は53%に減り，1.5万ドル以上の上位中間層（自家用車の購入可能）は5%になった。2015年には上位中間層10%，下位中間層50%となり，4億人の市場こそが，経済自由化以降インド市場をめざした外国資本のターゲットとなっている。

②工業地域

　インドの国土は大きく東西南北の4地域に分けられる。近年の工業化からみると，西部（ムンバイなど）の優位，東部（コルカタ，ジャムシェドプルなど）の停滞，北部（デリー大都市圏）と南部（バンガロール，チェンナイなど）の上昇といった変化が生じている。

③経済特別区

　インド政府は輸出促進のために南部のコーチンやチェンナイなどで輸出加工区を設置し，輸出志向型企業の育成を進めてきた。輸出加工区では道路，電力，上下水道，通関施設などの基本インフラが整備されているので，入居企業はその恩恵にあずかった。2000年4月からそれまでの輸出加工区を経済特別区に転換していった。2016年7月時点で205カ所の経済特別区が稼働している。このうちIT関連が116カ所と半数を超えている。

（4）成長著しい自動車工業

　自動車工業の急速な成長は，近年のインド経済の発展を象徴している。2016年度（449万台，世界5位）は1999年の自動車生産台数（82万台，世界15位）に比べると約17

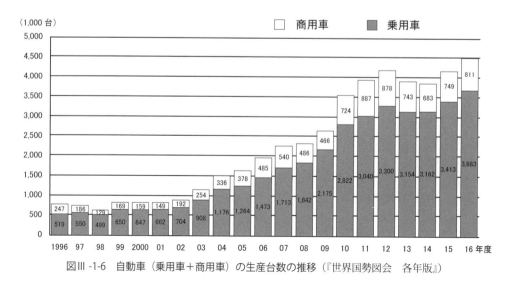

図Ⅲ-1-6　自動車（乗用車＋商用車）の生産台数の推移（『世界国勢図会　各年版』）

倍と成長が著しい。

このような近年における自動車工業の発展は，中産階級と呼ばれる高所得者層が拡大し自動車の需要が高まったこと，生産面においても国内外の企業が新規に市場参入し，コスト面でも多種類の車両の供給が可能になったことなどによる。現地で乗用車を生産するメーカーは多目的車を含めると 20 社あり，日本のメーカー数よりも多く，過当競争が懸念される。1995 年以降に新設された乗用車工場の多くは，デリー，チェンナイ，プネーなどの近郊地域を所在地としている。

自動車の販売台数をみると，日本の完成車メーカーの存在感が大きい。2015 年度では，マルチ・スズキ・インディアがシェア 1 位となる 46.8%，ホンダ・カーズ・インディアが同 4 位の 6.9%，トヨタ・キルロスカ・モーターが同 6 位の 4.6% と，上位 6 社中 3 社を日本勢が占めている。さら日産自動車（1.4%），いすゞ自動車を加えると，自動車市場の 59.7% を日本企業が占めている。

（5）ICT サービス産業の発展
①注目を浴びるインドの ICT サービス産業
インドにおいて製造業が国内市場向けに成長をとげているのに対して，国外に向けては物づくりではなく，ソフトウェア生産などの知的労働の領域で成長し，世界の中心を担うまでになった。インドの ICT サービス産業は輸出を指向して成長してきた。

ICT サービス産業は IT（情報通信技術）サービス部門と BPO（ビジネス・プロセス・アウトソーシング）サービス部門からなる。IT サービスとは，ソフトウェア開発，システム保守，IT 教育・研修などのサービスをいう。BPO とは，コールセンター業務やバックオフィス（事務処理）業務などで IT を活用した事務代行を請け負っている。

BPO ではとくに，IT を活用しアメリカ合衆国の企業などから顧客への電話対応（コールセンター）や財務・会計業務を請け負う外注分野が急成長した。業務も比較的単純な事務から，保険や医療，高度な知識や技術を要するサービスへと重心を移しつつある。インドとアメリカ合衆国の ICT 産業が人材面で支え合っている。

②「サービス貿易」の拡大
ICT サービス産業の売上額は，2000 年には 100 億ドルを超え，2011 年には 1,009 億ドル，2015 年には 1,600 億ドルに増大した。2015 年の ICT サービス産業の売上額中，国内売上額を除いた輸出額（1,080 億ドル）を見ると，IT サービスは 57%，BPO は 22% を占めている。輸出先はアメリカ合衆国が 62% と多く，次いでイギリスが 17% を占め，日本は少ない。今やインドはアメリカ合衆国をもしのぐ世界最大の ICT サービス輸出国となっている。

これまで日本のソフトウェア関連企業のインドへの進出，インドとの取引は必ずしも多いとはいえなかった。しかし，欧米諸国のソフトウェア関連企業が相次いでインドへ進出し，その一方でインド人技術者が合衆国を中心に流出していくにともない，日本のソフトウェア関連企業もインドを重視せざるをえなくなりつつある。

③ ICT サービス産業の動向

　2015 年度の ICT サービス産業の生産額は国内総生産の 7.6% だが，政府は 2020 年度には 15 ～ 20% になると予測している。こうしたインドにおける ICT サービス産業の急速な成長は，1991 年以降の経済自由化のみならず，人的要因，技術的要因，外国資本の進出が大きく影響しているという。その中でもとくに技術者の英語力と技術力の高さがあげられる。インドはイギリスの植民地支配を受けていたため，英語を準公用語としている。インドの公用語としてヒンディー語があるが，国民の 41% しか話せず，英語が広く共通言語として使用されている。

　IT 産業は，カースト制度には規定のない職業だ。これにより，低いカーストの人にも，

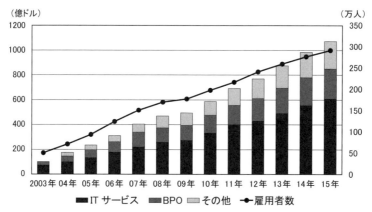

図Ⅲ -1-7　インド ICT サービス産業の輸出額と雇用者数の推移
（出典：NASSCOM（全国ソフトウエア・サービス企業協会）各年版資料）

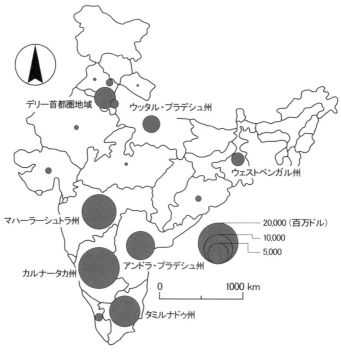

図Ⅲ -1-8　2011 年における州別 ICT サービスの輸出額
（資料：ESC（自動車産業ポータルマークラインズ）の資料により作成）

才能と運，たゆまぬ努力によって，貧困から抜け出せるチャンスが訪れた。そのため，「貧困からの脱却」をめざし，IT技術を習得するために上位大学へ進学する人が増えた。

　2012年の資料によると，インド工科大学は定員9,590人に対し，受験者数は約50.6万人と53倍の高倍率だった。同大学を卒業した多くが，高い給料を提示され，海外のIT企業で働いている。2004年，IT技術者数は約65万人だったが，その後毎年11万人ずつ増加した。こうした技術者を育成する教育機関は，インド工科大学を頂点として数百を数え，さらに増え続けている。

　ICT産業を支える従業員の正規雇用人口は2015年に367万人であり，非正規雇用人口を合わせると，約1,000万人が関連の企業に雇われている。

　ソフトウェア生産額の急激な増加とともに，ソフトウェア企業数も増加の一途をたどっている。1998年時点で全国ソフトウェアサービス企業協会に加盟する企業は405社だったが，2017年には2,000社を超えている。多くの企業が，外国からのITやBPOの外注を受ける業務を主に担っている。

　ICTサービス産業の企業の集積地をICTサービスの輸出額（2010年）から見てみる。総じて南インドの諸州において輸出額が大きい。ICT産業の集積地として知られるバンガロールを有するカルナータカ州は169.9億万ドルであり，同州だけでインド全体の約30％となっている。次いでムンバイを中心とするマハーラーシュトラ州（129.0億万ドル），チェンナイを中心とするタミルナドゥ州（97.4億万ドル），ハイデラバードを中心とするアンドラ・プラデシュ州（97.4億万ドル）が多い。

　「インドIT」といえば，緑豊かなガーデンシティーと呼ばれるバンガロールが世界的に有名であるが，最近はハイデラバード，チェンナイを入れて，「南インドハイテク三大都市＝ITゴールデン・トライアングル」と呼ばれるほどになっており，先を争うように多くの外資系IT企業の投資が進んでいる。その他，北部のデリー首都圏地域，ラクナウを中心とするウッタルプラデシュ州，東部のコルカタを中心とする西ベンガル州がある。バンガロールでは産業地域の核となるインターナショナル・テック・パークが設立されており，高度集積回路のデザインやソフトウェア開発の拠点として稼働しつつあり，日本の電気機械メーカーも進出している。

　他方，インドではIT化に縁のない低所得層（5千ドル未満）が約4億人いる。国内の所得・生活格差の拡大を是正することがインドの最大の課題となっている。

［海東達也］

5. 西アジア

(1) アラブ世界とイスラーム文化

　西アジアは，古代よりアジアとアフリカさらに東のシルクロードや西のヨーロッパともつながる「文明の十字路」と呼ばれた地域だ。乾燥した砂漠が広がり，水の得られるオアシスに人口が集中している。市場が立ち，交易都市が誕生した地域だ。都市と都市とがネットワークで結ばれ，日本とはまったく違う伝統と文化を持っている。1万2,000年ほど前には，チグリス川，ユーフラテス川中流域のメソポタミアで農耕が開始され，土地を争奪し合う「戦争」が始まった地域でもある。

　現在は産油国のサウジアラビアやアラブ首長国連邦（UAE）などと，非産油国のイエメンなどとの経済格差が問題となっている。この地域の高所得国は人口が少ないために原油輸出の利益の恩恵を受けていると言える。しかし天然ガスやシェールオイル，再生可能エネルギーなど，世界のエネルギー利用は変化し，原油に依存する経済は先が見えてきた。そのため，「脱・オイルマネー」を記帳にした将来の国づくりが必要になり，現在はその過渡期にある。アラブ，イスラームという共通の価値を共有しつつも政治的立場の違いや，イスラーム教の教派の違いによる対立もあり，地域情勢は複雑だ。とくに，周りをイスラーム国家に囲まれた非イスラーム国（ユダヤ教，ユダヤ民族）のイスラエルは緊張を強いられている。また，非アラブのトルコやイランも同じイスラームの国とはいえ，立場が違う。西アジアのアラブ諸国，イスラーム諸国と言っても，現実は複雑で，対立や時によっては武力衝突や戦争も起きている。

①砂漠の宗教の伝統

　農耕が始まった後，社会が成熟するにつれて誕生したのが創唱宗教のゾロアスター教だった。ゾロアスター教はアフガニスタン北部でゾロアスター（ドイツ語読みだとツァラツゥストラ）によって3,000年以上前に開教された宗教と言われている。アフラマズターという唯一絶対の「神」を信仰する宗教で，ユダヤ教，キリスト教，イスラーム教のルーツにもなっている。現在はイランに信者がわずかに残っているが，開教したゾロアスターの生涯や経典（アヴェスター）・教義などについては不明なことが多い古代宗教だ。日本から遠く離れた古い宗教だが，日本にもゾロアスター教のアスラ神がインド，シルクロード，中国から，「阿修羅（アシュラ）」として伝わっている。

　イスラーム教は，ムハンマドがアッラーフの預言を受け，開教し，622年をイスラーム歴の元年としている。ムハンマドは商人であり，有能で合理的な考え方をする人物だった。神の啓示はコーラン（クルアーン）にまとめられ，ウンマと呼ばれるイスラム教団が勢力を増していった。

　イスラーム教の戒律は「六信五行」と呼ばれ，六信は「アッラー，天使，啓典（コーラン），預言者（ムハンマド），来世，定命（神の定めた予定，運命）」を信じること，五行は「信仰告白（アッラーフ・アクバル「神は偉大なり」と唱える），礼拝（1日に5回，メッカに向かって行う），断食（ラマダーン，イスラーム歴の9月に日の出から日没まで食べ物を口にしない），喜捨（余裕のある物は貧しい者に施しをする），巡礼（一生に一度は聖地メッ

カに行く）」を行うことだ。しかし，柔軟なイスラム教では，理由があれば礼拝（仕事など）や断食（子どもや病人）などを行わないことも許されている。

　巡礼の際には，白い巡礼服を着るのが基本だが，メッカのカーバ神殿に集まるイスラム教徒の中には原色の民族衣装の女性たちも多くいる。日本なら「その服装はダメ」と言われそうだ。「豚肉食の忌避」「飲酒禁止」も当時の衛生状態や飲酒の弊害を戒めるためのものだと言える。日に5回の礼拝も砂漠の中で，常にメッカの方向を意識させるための仕掛けのように見える。喜捨も当時の一種の社会保障と考えることができる。

　ただ，イスラームの教えとしての戒律とアラビアの習俗とは区別する必要がある。イスラームでは男女を厳しく分けているが，イスラーム最高聖地のメッカのカーバ神殿では男女は分けずに一緒に礼拝をしている。本来，イスラームは平和と平等の宗教なので，男女についても分けるという教えはない。ムハンマドの後にアラブの習俗やクルアーンの解釈の中で男尊女卑が言われるようになった。本来は，女性保護の社会政策的な制度を宗教に埋め込んだと考えられる。

　「唯一絶対の神」を信仰する，ユダヤ教，キリスト教，イスラーム教の信者はコーランで，「敬天の民」と呼ばれ，同じ「唯一絶対の神」を信仰する兄弟宗教だ。ユダヤ教の宗教改革でキリスト教が，キリスト教の改革でイスラーム教が誕生したとも言える。最後に創教されたイスラム教は，合理的な側面が強く，当時は進歩的な宗教だったと言える。

②イスラーム教の二大教派

　ムハンマドが創設したイスラーム教にも，その後いくつかの教派が生まれた。主流派のスンニ派と，教義の違いで分裂したシーア派の2つだ。

　キリスト教のカトリックに当たるのがスンニ派，プロテスタントに当たるのがシーア派だ。イスラーム教国の多くはスンニ派でサウジアラビア，エジプト，トルコ，インド，パキスタン，インドネシアなどに広がっている。シーア派はイラン，イラク，シリア，イエメンなど西アジアの一部の地域でみられ，その地域や国においては多数派を構成している。

　スンニ派とシーア派の違いは，イスラームの共同体の違いで，教義などが違うわけではない。しかし，スンニ派の宗主国であるサウジアラビアと，シーア派の盟主であるイランとは厳しく対立している。シーア派のイエメンは，隣国のスンニ派のサウジアラビアから，イエメン内戦を理由に軍事介入を受けて混乱している。1980年代には，同じシーア派の国同士で「イラク・イラン戦争」も勃発し，その後の「湾岸戦争」などの混乱につながった。

③世界に広がるイスラーム

　キリスト教，イスラーム教，仏教は世界三大宗教と呼ばれ，世界の多くの国で信仰されている。イスラム教徒は全世界で約16億人，キリスト教徒（約22億人）の次に多くの信者がいる。国別に見るとインドネシア（約2億人，人口比88％），パキスタン（1億8,000万人，96％），インド（1億6,000万人，13％），バングラデシュ（1億4,600万人，90％）で，南アジアに巨大なイスラーム世界が存在している。その他の地域では，エジプト（9,000万人，95％），ナイジェリア（9,500万人，50％）など，北アフリカからアフリカにも広がっている。

　イスラム教徒人口比率が高いのはアフガニスタン（2,800万人，100％），チュニジア

（1,100万人，100%），イラン（7,500万人，99%），イラク（3,000万人，99%），ニジェール（1,500万人，99%）ソマリア（1,500万人，99%），トルコ（8,000万人，98%）など。宗主国と言えるサウジアラビアは人口3,300万人でイスラーム人口は97%[1]。

　イスラーム教国の中には，イスラーム教以外の信仰を認めず，「異教」として差別する国も存在する。世界では，ヨーロッパや中国，米国，日本などにも多くのイスラーム教徒が暮らしている。

　中国には人口の約2%の2,000万人ほどのイスラーム教徒がいるが，漢民族（中国民族）が，古くイスラーム教徒となった回族（ホイズゥー）が特徴的。中国に行くと街中に「清心寺」（チンシンスー）という看板が掲げられた建物を見ることがある。これは回族の礼拝所だ。中国の大都市にはイスラーム街と呼ばれる地区もあり，そこでは羊肉や羊の串焼きが売られ，独特の雰囲気がある。その他，新疆（シンチャン）・ウイグル自治区では，30年ほど前には，イスラーム教徒のウイグル族70%，漢民族30%（現地での筆者聞き取り）だったが，今では逆転している。豚肉をよく食べる漢民族と豚肉を食べないウイグル人とは文化に大きな違いがある。

　トルファンを訪ねた時，夜の市場でシシカバブ（羊肉の串焼き）はウイグル人が売り，ビールは中国人が売るという分担があったり，現地のウイグル人も「中国料理は絶対食べない」と言いながら，「ビールは飲む」と言っていた。イスラームでもトルコなどの世俗的なイスラム教圏では，酒も飲まれているが，多くのイスラーム国では厳しく罰せられる。

　ヨーロッパにも米国にも比率は低くても多くのイスラーム教徒が暮らしている。ドイツ（400万人，4%），フランス（350万人，4%），米国（200万人，1%）などでは，その土地でイスラームのコミュニティをつくっている。

　世界全体のイスラーム教徒は増えていき，2100年にはキリスト教徒を抜いて世界最大の宗教となると予測されている[2]。イスラーム教徒は，イスラームの戒律を守って暮らすので，お互いの文化を尊重する理解が大切だ。

④日本で暮らすイスラーム教徒

　日本にも10万〜20万人（推計）のイスラーム教徒が暮らしている。30年ほど前「上野に集まるイラン人」が話題になったことがあった。インド料理店のスタッフがネパールやパキスタン出身ということも珍しくない。街中でスカーフを頭にしている女性は東南アジア（マレーシアやインドネシアなど）のイスラーム教徒だ。

　千葉県の高校にマレーシアから短期留学でやってきた生徒が「昼の礼拝の場所を貸してほしい」と希望し，応接室を使わせたと聞いた。フランスでは学校での宗教は厳しく制限され，イスラームを示すスカーフの着用禁止が話題となったこともある。日本は宗教的に寛容で暮らしやすいようだ。

　しかし，イスラームの戒律に沿った食材を探すのは苦労するという。イスラームの戒律に従った食材をハラルフードと呼ぶ。日本ではハラルフードを扱う店は少ないので，日本に住むイスラーム教徒はSNSやイスラームのネットワークで情報を入手して遠くから買い出しに行くという苦労もあるようだ。

　有名なカレーチェーン店がハラルカレー専門店を出店して人気だ。和食はハラルフードに近いが，味噌や醤油にアルコールがわずかに含まれているので，ハラル醤油などが開発

されている。大学などでハラル定食など，イスラーム教徒の学生向けの食事を提供している学生食堂も増えている。

[ムスリムとして日本に住んだ14年間を振り返って]

　筆者の知り合いの男性と結婚し，日本で暮らすモロッコ出身のマリアさんに書いてもらったエッセイを紹介する。——

　ムスリムとして日本に住むということは，様々なチャレンジの場面に遭遇することを意味します。まず，言葉が違い，習慣や伝統が違います。そして何より，食べ物の面では戸惑うことが多くありました。

　宗教の面において，日本人は寛容であり，なんら偏見のようなものを感じたことはありません。なぜかと言えば，日本人は信仰というものに対する意識が淡泊でこだわりがなく，また我々のように全身全霊をもって「神」を信じることがないからです。相手がムスリムでもクリスチャンでも，またその他のいかなる宗教を信じる人に対しても，日本人はさして頓着しないように感じました。ただし，私たちムスリムが豚肉を食べないことやアルコールを飲まないことに対しては，理解することがなかなか難しいようです。

　日本人の生活様式は我々のそれとは異なり，忙しく，しかし便利なものです。また，不思議なライフスタイルを持ちながらも，全体としての調和が保たれているように感じています。それは，ハイテクとスピード感に満ちた日々の生活がある一方で，歴史的な伝統を守ろうとする姿勢も崩しておらず，相反する価値観の中でバランス感覚を失うことなく統一性を保っている，そのような印象を持ったということです。

　また，イスラームの偉大な礼儀・作法と日本の民族的・精神的な遺産との間に類似するものが多く，親和性が極めて高いことも発見しました。そのことは，日本に住んでいる私にとって大いに救いとなりました。と言うのは，言葉の通じない異邦人として疎外感を味わったり，望郷の念に駆られて祖国に帰りたいというような悲しい思いをすることもなく，日本での暮らしに慣れていくことが出来たからです。（2018年11月21日　ZEROUAL MARIEM）

ZEROUAL MARIEM プロフィール

　1975年，サハラ砂漠に旅立つ隊商の拠点だったリサニ Rissani に生まれた。程なくモロッコ北部に位置するクサレルキビール Ksar-el-kebir に移り，ここで成長した。フェス大学で学んだが，体調を壊して中退した後，外国人観光客向けホテルに勤務する資格を取るために，専門学校で学ぶ。在学中，サハラ砂漠観光の拠点であるエルフード Erfoud のホテルでインターンシップで勤務していた際に，日本人（岩瀬）と知り合う。その後，数年間は国際郵便や電子メールで連絡を取り合っていたが，初めての海外旅行で来日，結婚に至る。——

　マリアさんのエッセイを読んでどう感じたか。ニュースで知るイスラームのイメージとは少し違ったものを感じられればと思う。イスラーム教徒のマリアさんは，日本人の他宗教への寛容さと理解あるパートナー（彼は彼女と結婚するためにイスラーム教徒となった）に恵まれて幸せに暮らしている。日本では神道，仏教，キリスト教などの宗教イベントを楽しむことが普通に行われている。ハロウィーンなどキリスト教以前のヨーロッパの行事まで楽しむ受容性は，しっかりと信仰を持つ人たちからは不思議に見えるようだ。

⑤「多文化」化する日本社会

　2019年4月1日，改正入管法が施行され，多くの外国人労働者が日本で働くことになる。現在でもコンビニなどで多くの外国人留学生がアルバイトで働いているが，さらに多くの場所で外国人労働者と接する機会が増えるだろう。日本にやってきた彼らと日本社会をお互いにとって幸せな社会にしていくことが，今後の大きな課題だ。

　イスラーム教徒も増加し，その文化や習慣とどう折り合いをつけていくかも求められる。外国人を受容する日本社会の対応が大切な時代に，「異文化理解」について深く考え，知り，行動することが大切だ。

　日本に定住するイスラーム教徒，旅行者として来日するイスラーム教徒，日本に留学するイスラーム教徒と，また，その他の文化を持った多様な民族によって，日本の多民族化が進んでいく。異文化を理解することと併せて，自国の文化を理解してもらう努力も必要だ。

［近　正美］

［注］
1）二宮書店編集部編（2019）『データブック・オブ・ザ・ワールド　2019』二宮書店．
2）ピュー・リサーチ・センター（2009）「Pew Research Center's Forum on Religion & Public Life（https://honkawa2.sakura.ne.jp/9034.html）」

(2) パレスチナとイスラエル

①取るに足らない問題

　「誰も助けてくれませんでした。私たちは取り残されたんです」。ヨルダン川西岸のパレスチナ自治区ラマラの繁華街で声をかけると大学4年生のアラア＝アッシェイフ（22）はやるせない思いを吐き出した。「パレスチナ問題は取るに足らない問題になってしまったんです」

　日々の暮らしは高さ8メートルの分離壁に分断され，移動もままならない。「どんどん息苦しくなっています」と両手で首を絞めるしぐさを見せた。許可が得られず，わずか20キロ先のエルサレムに行ったことすらない。「エルサレムには本当に，本当に，本当に行ってみたいんです」と何度も首を振った。「でもダメです。夢なんですけれど」（『The AsahiShimbun GLOBE』No.209　2018年9月2日）

　2018年アメリカ合衆国が大使館をエルサレムに移した後のパレスチナ人女子大生への街頭インタビューの記事である。地図帳をみると，イスラエルの首都はエルサレムになっている。これは同国政府がエルサレムを首都と規定しているためで，教科書の表記もそれに従っている。実際に国防省以外の主要な省庁のほとんどはエルサレムに置かれている。

　周知のとおりエルサレムにはユダヤ教，イスラム教（イスラーム），キリスト教の3つの宗教の聖地が集中している。約1km四方の壁に囲まれた旧市街には，古代ユダヤ王国の神殿の一部とされる「嘆きの壁」，イスラームの預言者ムハンマドが昇天したとされる「岩のドーム」，キリストの墓とされる場所に建てられた「聖墳墓教会」がある。各宗教にとってかけがえのない土地であり世界中から多くの巡礼者や観光客が訪れる。

イスラエルは東エルサレム地区を第三次中東戦争で占領して以降，エルサレム市全体を自国の首都と宣言したが，これは国際的に承認されているわけではない。エルサレム占拠に反対する立場から，日本を含む世界のほとんどの国々は，イスラエルでの自国の大使館をテルアビブに置いている。それにもかかわらず，イスラエル寄りの外交政策をとるアメリカのトランプ大統領は，2017年にエルサレムを首都と認めると発表し，翌2018年の大使館移転を実行した。抗議するパレスチナ人は大規模なデモを行い，これをイスラエル軍が銃撃して60人以上の死者が出た。ただ，この横暴に対する各国政府の反応は鈍かった。ヨーロッパ諸国だけでなく，周辺のアラブ諸国でさえも。パレスチナの問題は，冒頭の記事のように世界の関心をひかない「取るに足らない問題」となってしまったように感じられる。

②イスラエルという国

イスラエルは西アジアの地中海沿岸に位置し，面積は2.2万km^2，日本の四国とほぼ同じという小さな国である。国土の西は地中海，東は死海と周辺の渓谷に挟まれて南北に細長く，レバノン・シリア・ヨルダンと国境を接する。人口は832万人（2017年）で，民族別構成をみると，ユダヤ系がその大半を占め約520万人（構成比76%），アラブ系が約130万人（19%）となっている。アラブ系のうち約9割がイスラム教徒で他はキリスト教徒と推測される。

イスラエルの貿易品目（2016年）をみると，輸入額の第2位と輸出額の第1位のダイヤモンドが目につく。というのもダイヤモンド加工業は，イスラエルを代表する産業だからである。これは15世紀にイベリア半島を追放されたユダヤ人が，オランダやベルギーでダイヤモンドの研磨加工や流通に従事し，以来ユダヤ人の伝統的な職業になったと言われる。

国土の大半が乾燥気候にもかかわらずイスラエルでは農業や酪農も発達している。地中海性の気候を活かした柑橘類の栽培が行われており，イスラエル産スウィーティーは日本の店頭でも見かける。工業分野ではハイテク産業や情報通信分野が主力となっており「中東のシリコンバレー」とも呼ばれる。インテル，マイクロソフト，グーグルといったグローバル企業が研究所や支社を置いている。いまやイスラエルはサイバーセキュリティや人工知能（AI），ロボットなどの分野で世界の最先端をゆく技術立国である。ただしハイテクの発展には軍事技術が関連していることを忘れてはならない。GDP比5%を超える軍事費を支出するイスラエル経済において軍事産業は大きなウエイトを占めており，軍産複合体の様相を呈している。そして，その軍事費の4分の1はアメリカからの無償援助である。

③現在のパレスチナ

「パレスチナとはどこか？」「パレスチナ人とは誰か？」という問いは，時代状況や社会情勢に応じて変化してきたため，多義的な意味合いを持っている。歴史的なパレスチナはイスラエル全域を含み，かつてその領域に住んでいた人々とその子孫がパレスチナ人ということになる。しかし，イスラエル建国後，パレスチナの土地は縮小し続けている。

現在のパレスチナ自治区は「国」ではない。日本政府もパレスチナを独立国として承認しておらず，地図帳にも国家としての記載はない。その政治主体はパレスチナ自治政府で，

その国連での地位は，発言はできても投票権のない「オブザーバー国家」である。

　パレスチナ自治区は2つに分断されており，地中海に面した細長いガザ地区（種子島と同程度の面積）とイスラエル東側のヨルダン川西岸地区（三重県と同程度の面積）とからなる。だがヨルダン川西岸地区のすべてがパレスチナ人の土地ではない。そこではイスラエルの占領と開発が進行し，「入植地」と呼ばれるイスラエル人の居住地が虫食い状に拡大している。

　さらにやっかいなことにイスラエル人入植地とパレスチナ人の居住区の間には，「テロリストの侵入防止」を名目としてイスラエル政府が建設したコンクリート製高さ8mの分離壁が立ちはだかり，日常の生活を困難にしている。もしパレスチナ自治区に居住する人がイスラエルや別のパレスチナ人居住区に行こうとすれば，この壁のせいで遠回りしてイスラエル軍が管理する検問所を通過しなければならない。そこでは通過のたびにIDカードや手荷物検査が行われる。この検問が通学や就業，買い物といったパレスチナ人の日常生活を阻害している。もちろんエルサレムや地中海沿岸にも自由に行くことはできない。

　一方のガザ地区にはイスラエル人入植地はないものの，壁で分離されているイスラエル側とはもちろん，南側で国境を接するエジプト側とも自由な往来が認められていない。イスラエルの経済封鎖により外部との関係を断絶させられて隔離状態に陥っているガザ地区の状況は，「天井のない牢獄」と表現される。

　イスラエルが建国されてから70年以上が過ぎた。その年月はパレスチナ人にとって，住み慣れた土地を追われ，帰ることのできなくなった日々を意味する。現在パレスチナ人の人口は，パレスチナ自治区で約445万人（西岸270万人，ガザ175万人）。さらに近隣国の難民キャンプを含めると難民の数は500万人以上にのぼる。難民の高齢化が進む一方，移住先で難民としての暮らししか知らない2世，3世が増えており，難民キャンプの長期化は国連パレスチナ難民救済事業機関（UNRWA）にとって大きな負担となっている。

④シオニズム運動とイギリスの三枚舌

　19世紀は「ナショナリズムの世紀」と言われる。民族自決の考え方はヨーロッパ各地に住んでいたユダヤ教徒にも影響を与えた。すなわち自分たちを宗教共同体としてではなく，民族的な共同体としての「ユダヤ人」と捉える考え方がしだいに浸透していった。

　19世紀末，シオニズムの父テオドール゠ヘルツルは，「ユダヤ人の国が再建されない限り，真のユダヤ人解放はあり得ない」と主張した。こうしてユダヤ人ナショナリズムが国家建設とむすびついたものがシオニズム運動である。ヨーロッパにおけるユダヤ人差別に対抗するため，19世紀後半になると「古代，ユダヤの王国があった場所に自分たちの国を作ろう」という動きに繋がっていく。だが最初「自分たちの国」は必ずしもパレスチナ限定ではなかった。シオニズムの初期段階では，移民先としてアフリカのウガンダや地中海の島キプロスなども議論されたことがあった。1880年代にロシア各地で発生した暴力的なユダヤ人排斥運動（ポグロム）から逃れるために，ロシアのユダヤ人が目指したのは，パレスチナの地ではなくアメリカ合衆国であった。ロシアをはじめヨーロッパ各国からの移民によって1880〜1925年の間に，アメリカのユダヤ人人口は28万人から450万人に急増した。

　パレスチナの問題を複雑にした歴史的背景として，イギリスによる植民地支配があることを忘れてはならない。第一次世界大戦中，オスマン帝国の支配下にあったパレスチナの

地について，イギリスは3つの異なる約束をする。

　1つめは1915年，メッカの太守であったアラブの有力者フセインに対し，アラブ王国の建国を約束した「フセイン・マクマホン往復書簡」である。2つめは1916年，イギリスがフランス・ロシアと結んだ「サイクス・ピコ協定」である。これはオスマン帝国領である東アラブ地域を分割し，北部をフランス，南部をイギリスが支配するという合意である。そして3つめは1917年にイギリス外相バルフォアが，ユダヤ系イギリス人ロスチャイルドに宛てた書簡の形で出された「バルフォア宣言」である。ユダヤの豊富な資金をあてにしたイギリス政府は，この書簡の中で「パレスチナにユダヤ人の民族的郷土（nationalhome）を設立することを支持し，この目標達成のため最善の努力をする」と宣言した。だが，この3つの約束のうち優先されたのは「サイクス・ピコ協定」だった。第一次世界大戦後の1922年には，国際連盟理事会によってイギリスによるパレスチナの委任統治が承認された。

　ユダヤ人のパレスチナへの移住がとくに活発になったのは第二次世界大戦後のことである。ナチスドイツがユダヤ人に行った残虐行為（ホロコースト）の実態が明らかになるにつれて，シオニズム運動は一気に盛り上がった。ユダヤ人が多く移り住んでいたアメリカ合衆国の支援だけでなく，ヨーロッパ諸国において行われてきたユダヤ人差別への後ろめたさと同情が，シオニズム運動を後押しすることとなった。

　シオニズム運動では「土地なき民に，民なき土地を」というスローガンを掲げて，ユダヤ人はパレスチナへの移民と入植活動を進めていった。しかし，もちろんパレスチナは「民なき土地」などではなかった。20世紀初頭，パレスチナの地には約60万人のパレスチナ人が居住していた。

⑤ 4度の中東戦争とオスロ合意後の25年
　1948年イスラエルは独立を宣言する。ユダヤ人にとって，それは「自分たちの国」を達成する悲願の独立であった。しかし一方でイスラエルの建国は，それまで暮らしていたアラブ系のパレスチナ人をこの地から追い出す過程であり，200以上もの村が破壊され70万人以上の難民が生じたこの出来事を，パレスチナ人は「ナクバ（大破局）」と呼ぶ。

　イスラエルの建国に対しエジプトをはじめとする周辺のアラブ諸国は強く反発し，1948年から1973年までにイスラエルとアラブ連合軍との間で4度の戦争が行われた。国際連合のパレスチナ分割案はパレスチナ人に圧倒的に不利なものであったため，イスラエルの建国を認めないアラブの国々と第一次中東戦争が勃発。以降，1956年のエジプトのスエズ運河国有化をきっかけとした第二次中東戦争（スエズ動乱），イスラエルの圧倒的勝利に終わった1967年の第三次中東戦争，イスラエルが核攻撃の準備をしていたとされる1973年の第四次中東戦争と，4度の戦争はいずれもイスラエルが勝利し，領土の拡大を続けた。第三次中東戦争ではシリアのゴラン高原とエジプトのシナイ半島が占領され，ガザ・ヨルダン川西岸・東エルサレムも支配下に置かれた。

　戦争のたびに生み出される多くの難民のなかから生じた組織が，パレスチナ解放機構（PLO）であった。アラファトをリーダーとするPLOの武装闘争に悩まされたイスラエルは，エジプトとシナイ半島返還を引き換えに単独講和を結ぶ一方で，当時レバノンにあったPLOの拠点を攻撃した。こうした局面を変えたのが，1987年のインティファーダ（民

衆蜂起）である。武器を持たないパレスチナの民衆が，イスラエル軍に投石によって抵抗する姿は世界中に報道されて内外の世論に大きな影響をあたえ，和平合意につながっていく。

　ノルウェーの仲介による 1993 年のオスロ合意は画期的なものであった。それは「パレスチナはイスラエルを承認し，PLO がヨルダン川西岸・ガザで 5 年間の暫定自治を行う。その期間内に最終地位交渉を行いイスラエル・パレスチナ間の恒久的な和平を達成する」という内容である。その結果，西岸地区とガザ地区でパレスチナの自治が行われるようになった。

　しかし 1995 年には和平推進派であったイスラエルのラビン首相がユダヤ人青年によって暗殺される。その後も和平交渉は進展せず，2000 年には第 2 次インティファーダが発生。2004 年からはイスラエルによる分離壁の建設が始まり，占領下での生活はますます息苦しくなっていった。一方，2006 年にイスラエル人入植者が撤退したガザ地区を，イスラーム組織のハマスが支配するようになるとイスラエル軍はガザへの攻撃を開始した。ハマスのロケット弾攻撃の報復としてイスラエル軍がガザを空爆し，戦車部隊が侵攻する。このような戦闘が 2006 年，2008 年，2012 年と繰り返され，多くの民間人が死傷した。2014 年にはイスラエルの大規模な空爆と地上侵攻によって住民 2,200 人以上が死亡する被害がでた。ガザの戦争は突然始まり，ガザ地区はいつ空爆されるかわからない状況にある。

⑥見えない解決の糸口

　すでにオスロ合意から 25 年以上が経過したが，「二国家解決案」による中東和平プロセスは完全にストップしてしまった。イスラエル側は「土地への回帰」というシオニズムイデオロギーの実践に固執し，パレスチナ人の怒りや不安にまったく無頓着に土地の収奪を続けている。しかしイスラエル側にも懸念はある。それはパレスチナ人の人口増加率の高さである。パレスチナ自治区とイスラエル国内におけるパレスチナ人の人口を合わせると，いずれイスラエルのユダヤ人人口を上回ることになり，ユダヤ人が多数派ではなくなってしまう。「中東唯一の民主主義国家」を標榜するイスラエルにとって，占領地は返したくないが人口では多数派を維持したいという矛盾が生じている。

　2017 年にアメリカ合衆国で発足したトランプ政権は，中東問題においてイスラエル寄りの立場を鮮明にしている。アメリカのイスラエル政策に大きな影響力を与えているのはAIPAC（アメリカ・イスラエル公共問題委員会）など，資金力の豊かなユダヤ・ロビーの存在ばかりではない。エルサレムへの大使館移設には，トランプ大統領の票田であるキリスト福音派の強い支持があったと考えられている。さらに 2019 年 3 月，トランプ大統領はイスラエルが第三次中東戦争で隣国シリアから奪いとり占領し続けているゴラン高原について，イスラエルの主権を正式に認める文書に署名した。トランプ大統領はイスラエルへの関与をますます強めている。

　イスラエルの強硬な姿勢とそれを支持するアメリカ合衆国によって，パレスチナの人々は土地を奪われ抑圧され孤立し，絶望的な状況にある。パレスチナ問題の解決の糸口は見えず，その落としどころは簡単には見つかりそうにない。

　だがパレスチナ問題は日本にとって遠い国の問題になってはいないだろうか。地理的な

遠さだけではない。その複雑な歴史的経緯，馴染みのないイスラームやユダヤ教，繰り返される戦闘と出口の見えない状況，それらは容易には想像しにくいことかもしれない。

　しかし遠い国の見知らぬ人々の話題であったパレスチナを，知っている国・地域として，そこに暮らす人々の苦難を想像して，課題を共有することこそ地理教育の使命である。パレスチナとイスラエルの問題は，単に聖地をめぐる宗教紛争などではない。世界全体とつながっているパレスチナの問題を地理教育において「取るに足らない問題」にしてはならない。

［近藤正治］

［文献］
『The AsahiShimbun GLOBE』No.209　2018 年 9 月 2 日

［コラム］中央アジア：ロシアと中国のはざまで

　中央アジアはどの範囲をさすのだろう。東西南北のアジアがあるとすれば，それらに囲まれた中央部が中央アジアということになる。しかし，その境界線は必ずしも明確でなく，この概念提唱者の一人であるアレキサンダー・フォン・フンボルトにしても地理的な範囲を必ずしも厳密に特定しなかったとされる。地域認識と関わって，例えば歴史や言語・文化の一体性や共通性に注目するか，政治形態の変化でくくるかなど視点の置き方により異なってこよう。最も広義の中央アジアは，ユーラシア大陸のほぼ中央部に位置するタクラマカン，キジルクム，カラクームなどの巨大な砂漠からなる乾燥帯とその周辺をさす。一方，新聞紙上では一般的にウズベキスタン，カザフスタン，キルギス（クルグズスタン），タジキスタン，トルクメニスタンの5カ国を中央アジアと呼ぶ。いずれもソ連邦を構成していた国で，1991年のソ連崩壊とともに独立，それから4半世紀が過ぎた。

　従来，ロシアの裏庭だった中央アジアにおいて，中国の存在感が急速に増している。対外貿易額では2000年前後は中央アジア5カ国ともロシアが最大だった。しかし，近年は中国が上位に浮上している。2000年時点での5カ国の対ロシア輸出依存度は22.9であった。対中国の数値は4.5。それが逆転するのが2009年で，2017年には対ロシアは8.8に後退したが，対中国への輸出依存度は毎年増加し，17年は20.1である。

　この要因は，中国向けパイプラインが建設されたことによるトルクメニスタンから中国への天然ガス輸出開始があげられる。トルクメニスタンの中国への輸出依存度は約8割を超えた（2017年）。中央アジア5カ国の中国との貿易品目を見ると，中国へは主に資源などの一次産品を輸出し，中国からは一般機械や電気機器を輸入している。カザフスタン，ウズベキスタン，トルクメニスタンにおいては鉱物性燃料が最大の輸出品目であり，キルギスは金など，タジキスタンは鉛，錫などの鉱石を輸出している。

　2013年秋に習近平国家主席が提唱した「一帯一路」構想には，中央アジアも含まれる。この構想は中国・中央アジア・欧州を結ぶシルクロード経済ベルト（一帯）と，南シナ海からインド洋を経てアフリカ大陸に至る21世紀海上シルクロード（一路）について，中国が主導的な立場で開発を推進していくというものだ。

　中国の積極政策に対抗するため，ロシアはユーラシア経済同盟（EEU）を2015年に発足させた。EEUは域内の物資，資本，労働力，サービスの移動の自由を目的とする。カザフスタンおよびキルギスが加盟し，その他，アルメニア，ベラルーシ，ロシアが加わっている。EEUは地域経済統合をより強くし，域外との貿易を高めることを目的として設立された。しかし実態は輸出入ともに域内貿易の割合は少なく，大半が域外輸出となっている。加盟国の総輸出額に占める域外輸出は約88%，輸入総額に占める域外輸入は，約82%となっている。大国カザフスタン，経済開放へ大きく舵を切ったウズベキスタン，地域経済統合を目指すロシア，西進する中国。これらの政策がユーラシア地域をどのように変えてゆくのか，注目される。

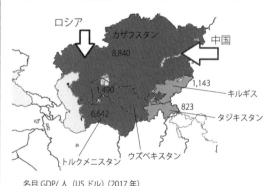

名目GDP/人（USドル）（2017年）
■ 石油・ガス輸出国　　■ 石油・ガス輸入国
資料：IMF WEO（2018.04）より作成。
中央アジア各国の一人当たりGDP（ドル）（「通商白書2018」）

[石田素司]

2. アフリカ

1. アフリカが直面する課題

(1) なぜ栄養不足の問題は改善されないのか

　第二次世界大戦後のアフリカが世界から注目されたのは，まず 1960 年の「アフリカの年」など独立運動の時期だろう。続いては 1980 ～ 90 年代前半の「飢えるアフリカ」の時期で，マスメディアはキャンペーンを張り，アフリカの栄養不足と貧困の問題は世界から注目を集めた。その後はアパルトヘイト廃止やルワンダ内戦などで注目をあびることはあっても，アフリカに関する報道は絶対的に少ない。では，1980 年代当時と比べて栄養不足の問題は改善されたのであろうか。

　1980 年代のような深刻な飢餓に苦しむ地域は少なくなった。そういう意味では，アフリカといえば飢餓を連想してしまうのは，アフリカの実像にあっていないといえるだろう。現在の状況を国連WFPなど[1]から確認すると，2016 ～ 18 年における栄養不足の蔓延率は，アフリカ全体では 19.6% だが（コンゴ民主共和国や南スーダン，ソマリアなどは「資料なし」），東アフリカは 30.9% にもなる。サブサハラ（サハラ以南のアフリカ）を見てみると，蔓延率が 5.0% 未満の国はなく，中央アフリカ，ザンビア，ジンバブエなどは 45.0% 以上で非常に高い。このように栄養不足の問題は，地域によっては 21 世紀になっても変わらずに深刻な問題のままといえる。

　国ごとの数値からは，国内の細かい状況はわからない。同じ国内でも地域による違いは大きい。順調な降水がある地域と干ばつが頻発する地域との違いや，政情が安定している地域と内戦などで食料の輸送が困難な地域との違いなどである。また栄養不足は社会的地位が低い女性や子どもがより深刻であるともいわれる。

　栄養不足の状況が改善されないのには様々な要因があり，それが複雑に絡み合っている。そのうち代表的なものを以下に示す。

①人口増加

　アフリカでは 1980 年代以降は，医療の充実や衛生状態の好転などにより死亡率（とくに幼児死亡率）が大きく低下した。それでもアフリカの幼児死亡率は，他の地域に比べて格段に高く，出生率も低下傾向にあるものの高い水準のままである。アフリカの独立国 54 のうち 33 カ国が後発開発途上国で（2020 年 1 月現在），それらの国では子どもが働き手として期待されることから，出生率は下がりにくい。また女性が十代前半で結婚するのが珍しくない地域もあり，そのような地域では女性が産む子どもの数は多くなる傾向がある。

②砂漠化の進行

　砂漠化とは，農地などが人間の経済活動ができない不毛の土地になってしまう現象であ

る。サハラ南部のサヘル地域で進行する砂漠化は，その地域の食料生産に大きな影響を与えている。その原因として，まず気候変動を挙げることができる。サヘル地帯では1970年代初頭から少雨傾向が続いている。それに加えて，近年の気温上昇や不安定な雨季の降水などで穀物の生産が脅かされている。次に人口増加に伴う経済活動である。人口増加に対応するための過剰な農耕や放牧，過剰な薪炭材の伐採などがその地域の自然のバランスを崩して，急速な砂漠化をもたらしている。また内戦などの紛争（③）も砂漠化の大きな要因となる。砂漠化の進行で不毛な土地が広がることで，そこに住んでいた人々は難民となって他の地域に移動しなければならなくなる。

③内戦などの紛争

アフリカでは21世紀になっても紛争が絶えない。紛争が起こった主な地域には，ソマリア，スーダン（ダルフール地方），南スーダン，コンゴ民主共和国，マリなどがある。世界の難民発生国の上位10カ国のうち，7カ国がアフリカである（2018年）。ちなみに3位が南スーダン，5〜10位がソマリア，スーダン，コンゴ民主共和国，中央アフリカ，エリトリア，ブルンジとなる（1位はシリアで，2位はアフガニスタン）。政治的な対立による武力闘争が豊かな農地を荒廃させ，人々から安住の地を奪って多数の難民や国内避難民を生み出しているという現状がある。

④商品作物重視の政策

商品作物中心の農業にすることで外貨の獲得がすすむが，自給作物の生産は減少する。そして，商品作物の国際価格は一般には安価で，農民を窮地に追い込んでいる。また商品作物のモノカルチャーの国にとっては価格の低さが対外債務増加の一因となっており，自立を妨げる要因でもある。

⑤国の政策の失敗

2017年11月は，ジンバブエでのクーデターがニュースになった。その焦点は，当時世界最高齢国家元首のムガベ大統領の去就であった。クーデターの直接の原因は，ムガベ大統領が自分の妻を後継者にしようとした，いわゆる権力の私物化をすすめようとしたためといわれる。大統領は抵抗したが結局は辞任することになった。1980年の独立時には農業大国として「最も恵まれた独立」といわれたが，大統領であったムガベは国民の歓心をかうために白人を敵と見なす政策を実施した。白人が経営する農園の接収を続けて，豊かだった農業生産は激減した。その影響などでインフレになった際に価格半減令などの政策を行った結果，2006〜07年にかけて激しいインフレになり，100兆ジンバブエドルという信じられない額の紙幣が発行されることになった。このインフレによって多くの国民が国を離れたという。そして2016〜18年の栄養不足の蔓延率は51.3%ときわめて高い数値になっている。豊かだった国が栄養不足に苦しむ国になってしまった。ムガベ大統領はその責任はイギリスにあるとしていたが，独裁による政策が最も大きな原因であることは間違いない。

アフリカにはムガベのような独裁者は少なくない。独裁などのかたよった政策で国づくりが軌道に乗らない国が多い。松本仁一は『アフリカ・レポート』[2]で以下のように述べ

ている。「豊富な資源が開発されているにもかかわらず，その恩恵は人々に届いていない。多くの人が飢えや病気で死に，部族憎悪が高まっている。世界は，その責任はどうやらアフリカの政府にあるようだと気がつきはじめた。アフリカの政府の失態を指摘する発言が，最近相次いでいるのはそのためだ。そうした批判者はレイシズム的に「アフリカ人」を批判しているのではない。「国民を食い物にしているアフリカの政府」を批判しているのである」。独裁や政治対立によって，多くの人々がきびしい生活を強いられている。

(2) 音のない戦争

1980年代後半から，世界はHIVの新規感染を減らしてAIDSによる死者の減少をめざしてきた。現在の状況をみると[3)]，新規感染者は1996年の約350万人をピークに減少を続けて2019年では約170万人となっており，大きく低下した。これは，輸血や性行為などを通じてHIVが感染するという知識が世界で共有されることになった成果といえるだろう。また，AIDS関連死者は2005年の約170万人をピークに減少を続け，2019年には約69万人となった。これはHIVに感染してもAIDSの発症を抑える抗レトロウィルス剤が先進国を中心に普及したことが大きい。

しかし，そのような状況の中でアフリカだけは新規感染者や死者は他地域ほど減らなかった。とくに北アフリカを除くサブサハラではそれが顕著で，2019年でサブサハラが世界の中で占める割合は，HIV感染者総数（約3,800万人）のうち約67%，HIV新規感染者数（約170万人）の約57%，AIDS関連死者数（約69万人）の約64%にもなる。とくに南部アフリカは感染率が高く，2018年の統計で成人の感染率が10%を超える国は世界で8カ国（高い順にエスワティニ（旧スワジランド），レソト，南ア共和国，ボツワナ，ジンバブエ，モザンビーク，ナミビア，ザンビア）であるが，すべて南部アフリカとそこに近い（南ア共和国を中心とした経済圏に属する）国である。

南部アフリカでは南ア共和国のGNIは群を抜いて高く，他の国を総計しても遠く及ばない。また人口も最多である。そのため周辺諸国からの出稼ぎ労働力が流入するなど，この地域は人の流動性が高い。鉄道網も国境を越えて広がっており，それも人の移動を助けている。国境を越えた活発な人の移動が，南部アフリカとその周辺地域に感染が拡大した主な原因といえるだろう。その結果，南部アフリカの平均寿命は大きく低下した（図Ⅲ-2-3）。

1990年代前半までの南部アフリカの平均寿命は南ア共和国の経済発展により順調に伸び，1990～95年の平均で約63歳であった。それが2000～05年の平均は約53歳となり，10年間で約10歳も低下した。その原因はAIDS関連死の増加以外には考えられない。とくに母子感染による子どもの犠牲が平均寿命を引き下げたであろうことは想像に難くない。

サブサハラの感染の特徴は2つある。まず子どもの感染率の高さで，これは主に母子感染によるものとされる。2018年における14歳以下の世界の新規感染者の約9割がサブサハラに集中している。もう1つは女性の感染率の高さで，15～24歳の女性のHIV陽性者は男性の2倍に及ぶといわれる。女性の地位が低く，就学率は一般的に女性の方が低いため，HIVについての知識を持つ女性の割合は男性よりも低くなる。感染防止のためには，感染経路や予防法についての正しい知識を得ることこそが重要である。また女性に対する性暴力や，収入を得るための売春行為も女性の感染率の高さの原因といえるだろう。

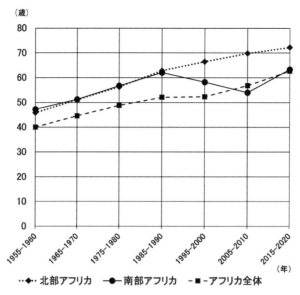

（歳）

図Ⅲ-2-3　アフリカの平均余命の推移（出典：「World Population Prospects」）

　その一方で，サブサハラで抗HIV治療にアクセスできているのは感染者の約70％（2019年）であり，この数は着実に伸びている。南部アフリカの平均寿命も2015〜20年で約63歳と再び上昇に転じ，90年代前半のレベルに回復している。人間によるHIV克服の軌跡は「音のない戦争」などともいわれる。正しい知識の普及や新薬の開発などによって，「音のない戦争」には明るいきざしが見えてきたといえる。

（3）経済協力と中国の進出

　アフリカのほとんどの国は，第二次世界大戦後に独立を果たした。ただ，経済的には自立できず旧宗主国の半植民地状態が続いていた。しかし現在は，かつてほど旧宗主国の影響は強くなくなり，それにかわって強い影響力を持つようになったのが中国である。

　高度成長を続ける中国にとっては，それを支えるエネルギー資源の確保と市場の開拓は喫緊の課題となっている。そのような状況の中で中国が注目したのがアフリカである。21世紀に入ると，中国首脳は積極的な資源外交を展開して現地との太いパイプを構築した。そして，多くの中国系企業が進出して投資をすすめた結果，中国はアフリカ諸国との貿易額を大きく伸ばしている。それに加えて，「シルクロード経済圏構想（一帯一路）」が中国とアフリカ諸国との密接な関係づくりを後押ししている。中国は2000年から3年おきに「中国アフリカ協力フォーラム」を開催しており，2018年9月にはペキンで第7回目が開催され，「今後の3年間で600億ドルの融資」の表明があった。2000〜17年までで，中国のアフリカに対する投資は1万4,000億ドルにのぼる。中国はアフリカ諸国に直接労働力を送り出しインフラ整備を進めることで，顔が見える投資をすすめている。また今後は経済面だけではなく，安全保障や環境の面でも支援を広げていく方針だという。

　日本は1993年から「アフリカ開発会議（TICAD）」を5年おきに開催（2013年の第5回以降は3年おき）していることからわかるように，中国よりも早い段階からアフリカに対しての関与を強めてきた。しかし現在はアフリカにおける日本の影響力は中国に比べて相当に低い。外務省が2017年3月に，南ア共和国，ケニア，コートジボアールの3国で

世論調査を行った結果，「現在重要なパートナーである国」として 1 位が中国（56%）で日本はアメリカ合衆国，フランスに次いで 4 位（28%）であった。「最も信頼できる国」としては，1 位が中国（33%）で，日本はフランス，アメリカ合衆国に次ぐ 4 位（7%）であった。これまで積極的にアフリカへの関与を進めてきたつもりの日本にとっては，ショッキングな調査結果だったといえるだろう。しかし民間企業にとっては，アフリカは「規制・法令の整備，運用」「不安定な政治・社会情勢」などのリスクが大きいのは確かである。

　日本は 2019 年の第 7 回アフリカ開発会議において「生活の向上や経済成長の基盤となる人間の安全保障と SDGs の実現に向けて，強靱かつ持続可能な社会の構築に貢献する。」「経済成長・投資や生活向上の前提となる平和と安定の実現に向けたアフリカ自身による前向きな動きを後押しすべく，AU 等主導の調停・紛争努力や制度構築支援を行うアフリカの平和と安定に向けた新しいアプローチを実施。また，日本らしい支援，特に地道で息の長い人づくり支援を行う。」として，援助の質や内容を重視する姿勢を明らかにした。

　中国がアフリカで存在感を増している一方で，問題も指摘されるようになった。第 1 は雇用問題で，多くの事業を中国企業が受注してしまうため，現地の雇用拡大にはつながっていないという。第 2 は債務問題で，中国による資源開発やインフラ整備が多くの国に多額な債務を負わせているといわれる。中国のアフリカ進出は「新植民地主義」「自国利益優先」という批判があとをたたない。第 3 は政治の問題で，中国による援助が結果として独裁政権を支援することになっているのではないかともいわれる。そして第 4 に，安価な中国製品の拡大が現地企業の成長を阻害しているという点である。

［吉村憲二］

［注］
1）「The State of Food Security and Nutrition in the World 2019」
2）松本仁一（2008）『アフリカ・レポート』岩波書店
3）「UnAIDS Fact Sheet 2020」

2．アフリカ東部の国々－エチオピア・ケニア・タンザニア

（1）東アフリカの情勢

　アフリカ大陸の中央から東部，インド洋に面した地帯が東アフリカである。1880年代以降，西欧列強によるアフリカ分割が行われ，東アフリカはイギリス，フランス，イタリア，ドイツによって支配されてきた。

　また，北アフリカと同様，東アフリカの北部では7世紀ごろからイスラム勢力が拡大するが，インド航路が開拓されると，ポルトガルやスペインの影響を受けるようになる。そのため，東アフリカはイスラム教とキリスト教，さらにアニミズムの土着信仰など，多様な宗教による民族が存在する地域となっている。

　1960年代にアフリカの多くの国は植民地支配から独立を勝ち取ったが，アラブ系住民と非アラブ系住民の対立や異なる部族間の対立が続き，東アフリカは国内情勢の不安定な国が多い。エリトリアは，国境なき医師団が発表する「世界報道自由度ランキング」で最下位になったこともあり，1991年から2013年までの約22年にわたる内戦によって事実上の無政府状態が続くソマリアもある。ソマリア沖のアデン湾は，インド洋と地中海を結ぶ重要な航路であるが，内戦などによって仕事を失った漁師たちが，沖合を通過する商船を襲う海賊行為があとをたたなかった。そうした中，2009年から日本の自衛隊が世界で最初の海外拠点を設け，警備を行っている。

　2011年，アフリカで54番目の一番新しい国家として独立したのが，スーダンから独立した南スーダンである。スーダンが砂漠におおわれた乾燥地帯であるのに対して，南スーダンでは熱帯雨林が多く占める。また，スーダンがアラブ系のイスラム教徒が多いのに対して，南スーダンは黒人が多く，英語を公用語としてキリスト教を信仰する。

　南スーダンは住民投票をへて独立したものの，すぐに，民族の異なる大統領派と副大統領派との対立によって内戦が勃発する。外貨収入の大半を石油が占める南スーダンは，石油利権を求めて諸外国が介入する中でさらに混迷を続けている。その中で，国を追われた多くの難民がウガンダなどに流入しており，ユニセフは子ども兵士の増加が深刻な状況にあると報告している。

　一方，東アフリカは南北に沿って大地溝帯があることもよく知られている。2018年3月にはケニアのナイロビ郊外のナロクで，全長3kmにわたる巨大な亀裂が発生したが，このエリアは大地溝帯の真上にあたる。大地溝帯はプレート境界の1つとされ，アフリカ大陸東部を南北に縦断する巨大な谷である。紅海からからエチオピア高原を南北に走り，タンザニアへと至る。谷の幅は35〜100kmになり，100mを超える崖が多くみられる。

　ケニアで続いている地盤沈下や大規模な地表の地割れについて，ロンドン大学の地質学研究グループは「アフリカ大陸を南北に縦断する大地溝帯に沿って，東西のプレートが引っ張られ続けることで，今後数千万年に東西が2つに分裂する予兆だ」との見解を示した[1]。

（2）東アフリカの経済発展－マサイ族も携帯電話で放牧－

　ソマリアの南に位置するケニアとタンザニア，内陸のウガンダの3国は1967年に「東アフリカ共同体（EAC）」を締結し，経済の統合をめざした。その後，主導権争いがあり中

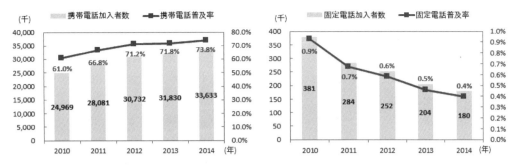

図Ⅲ-2-1　ケニアの携帯電話加入者数および普及率（左）と固定電話加入者数および普及率（右）
（出所：ITU World Telecommunication/ICT Indicators Database, 2015）

断するが，2005年には関税同盟が結ばれ，2007年にはルワンダとブルンジも加わった。東アフリカでは共通通貨導入を含めた政治・経済の統合によって，地域的統合をめざしている。

　その中でもっとも経済力のあるケニアは，2013年に「国家ブロードバンド戦略（NBS）」を立ち上げた。2017年までにブロードバンド接続（最大5Mbps）の普及目標を全世帯の35％，学校と保健施設で100％にすると発表した。また，ケニア情報通信省は「ケニア・ビジョン2030」にもとづき，政府サービスの電子化とICT産業振興を進めている。そして，2030年までに「全国民が高い生活水準を享受する産業中所得国」にすることを目標にかかげた。計画では，経済分野においてGDP成長率10％を目標に，透明性のある安全な社会，結束力のある社会，さらに人々の権利と自由が保障された民主政治を実現することをめざしている。

　ケニアでは，携帯電話の通信料金はプリペイド式になっている。「キオスク」と呼ばれる小さなお店でプリペイドカードを購入し，カードの裏面にある番号を携帯電話に打ち込むと，料金分の通話やインターネットを利用することができる。さらに，少額決済サービスでチャージしたお金を簡単に送り合うこともできる。そのため，携帯電話はここ数年の間にケニア国内で爆発的に普及し，アフリカ全土に拡大している。ケニアでは，携帯電話加入者が増え続ける反面，インフラ整備が必要な固定電話の加入者は減少している。

　現在ケニアの携帯の普及率は70％を超え，伝統的な赤い衣装を身にまとったマサイの女性も携帯電話を手にして会話をする姿もみられるようになった。今では，サバンナでの牛の放牧においても連絡用として使われており，大自然と対峙して生活してきたマサイの人たちの有効なツールとなっている。

(3) エチオピア・ケニアの中長距離アスリート

　内陸国のエチオピアは，国土の4分の1を標高2,000m以上の高原が占め，首都アディスアベバは標高2,400mにある。空気は薄く，昼夜の温度差が大きいエチオピアでは，1964年のローマと1964年の東京のオリンピックマラソン種目で，史上初の2大会連続優勝をはたしたアベベ・ビキラなど，数多くの中長距離アスリートを生んでいる。

　エチオピアと同様に強い中長距離選手を育てているのがケニアである。今ではケニアの中長距離選手が日本の実業団に在籍して，オリンピックでメダルを取るようになった。その背景には，1990年代に欧米資本でケニア各地にトレーニングキャンプ場がつくられ，

現地でトレーニングを指導するコーチ体制や，選手を国際大会に送り出すエージェント（代理業者）が整えられたことが大きい。活動費を提供するスポンサーがつくようになると，次々に海外で活躍する選手が育つようになった。また，2000年前後から優勝賞金のでるマラソン大会の増加は，選手にとって貧困から抜け出す動機づけとなり，海外留学組の選手が良い結果を出すようになっている。

　日本でもエチオピアやケニア出身の外国人競技者の数は増加しており，日本の高校や大学に留学し，駅伝大会などに出場したり，実業団チームにおいて活躍するようになった。日本の陸上競技者も，ケニアなどの高地トレーニングキャンプにおいて練習を行うようになっている。

　このようにスポーツを通じた日本との国際交流は年々高まっている。ケニアの女子バレーボールのナショナルチームは，ワールドカップや世界選手権など，日本での大きな大会に参加するが，チームには国際交流基金支援を通じて日本人コーチが派遣されている。

(4) 東アフリカへの日本企業の進出

　2017年版アフリカビジネスパートナーズの報告では，2017年6月時点で，アフリカに生産拠点をおく日本企業は448社におよぶ。東アフリカでは，ケニアの43カ所，タンザニアの17カ所が多く，エチオピアの9カ所，ウガンダの8カ所と続く。

　タンザニアに進出した民間企業をみると，パナソニックが1968年に乾電池の生産拠点を置き，住友化学はマラリア対策として防虫蚊帳工場を建設している。防虫蚊帳は，防虫剤をポリエチレン製の蚊帳に練り込み，薬剤を徐々に表面にしみ出させる技術を開発した。2001年には世界保健機構（WHO）からその効果が認められ，使用が推奨されている。

　タンザニアにおける日本の経済協力は1966年から始まり，タンザニアの教育や安全な飲み水の普及に対するインフラ整備に，無償資金協力などのODA（政府開発援助）が供与されている。2012年にタンザニア沖合で天然ガス田が発見されると，翌年には中国の習近平国家主席，アメリカのオバマ大統領が相次いで訪問し，アフリカ最大級の新港建設を中国国有企業が請け負うことが決まっている。その後，日本からも経済産業大臣が同国を初めて訪問したり，住友商事がタンザニア最初の天然ガスを燃料とする火力発電所の保守運転業務を受注，大統領を本社に招くなど，グローバル企業の競争が激化している。

(5) 東アフリカの主要産業とフェアトレード

　ケニアにおいて農業分野は経済の大きな柱となっており，GDPの約25%，総輸出量の約65%を占めている（2013年現在）。ケニアの伝統的な農業品輸出は紅茶とコーヒーであるが，最近では，切り花が観光と紅茶に次いで大きな外貨獲得産業になっている。切り花はEU向けの輸出が中心でオランダが全体の約70%を占める。品種ではバラが圧倒的に多い。

　ケニアは世界第3位の茶の生産国であり，年間約43万tを生産し，輸出量は世界第1位である（2017年）。ケニアでの茶の栽培は，イギリスが茶の新たな生産地として自国の植民地である東アフリカに着目し，インドやセイロン（現在のスリランカ）の退職技術者などを使って調査を行い，1903年からインドから持ち込まれた茶の苗木をナイロビ近郊に植えたのが始まりである。栽培の成功によって1924年から本格的に生産を開始した。

　ケニアの茶の生産地は，熱帯気候の火山性土壌，標高が1,500～2,700m，年降水量が

1,200 〜 1,400mm で，晴天が多い地域である。ケニアの紅茶は，機械を使わず，新芽とその下の 2 枚の若葉を手摘みするのが特徴である。ケニア茶の高品質を保つため，1950 年にケニア茶業局が設立され，生産・加工・流通の調査・研究と，世界に向けてケニア茶の普及をはかっている。

　ケニアの茶の多くは小規模農家によって無農薬で栽培されている。最近では，有機栽培であることの認証やフェアトレード認証を取得して，環境保護や茶園労働者の労働に配慮する茶園が増えている。フェアトレードは直訳すると「公平・公正な貿易」のことで，開発途上国の原料や製品を適正な価格で継続的に購入することで，立場の弱い小規模な生産者や労働者の生活改善と自立をめざす貿易のしくみである。フェアトレードであることの明確な基準を設定し，それを守った製品にはラベルが貼付される。

　フェアトレード認証の拡がりは，エチオピアやタンザニア，ルワンダのコーヒー生産者でもみられる。コーヒーは開発途上国が生産国で，主に先進諸国で消費される。小規模な生産者が価格形成に関わることは難しく，一方的に国際価格の変動にさらされることになる。それに対して，フェアトレードコーヒーは，消費者と生産者を直接結びつけることで，生産者に従来の国際貿易によるものより大きな利益をもたらすことを目的としている。

　エチオピアは，2017 年のコーヒー生産量が 47 万 t あまりで，世界第 6 位である。エチオピアでは，1990 年代以降の経済の自由化政策によって，生産者は国際価格の変動に大きく影響を受けるようになっている。そのため，個々の小規模農家は生産者組織をつくり，フェアトレード製品であることの認証を取得することが多くなった。

　一方，フェアトレードには解決しなければならない課題もある。フェアトレード商品は，生産者側への最低保証価格のために商品価格を高く設定することが多いが，市場で通用する商品でなければ，継続的な取引にはつながらない。開発途上国のものを慈善意識で購入する感覚だけでは限界がある。そのためにも，生産者がフェアトレードに対する認識を深めて商品の質を高めることや，統一されていない認証基準のあいまいさを是正していく必要がある。

［吉本健一］

［注］
1）ハザードラボ 2018 年 4 月 14 日閲覧.
　ハザードラボは「防災と災害情報のニュースメディア（hhttp://www.hazardlab.jp/）」サイトであったが，2020 年 4 月 20 日をもって配信サービスを終了した.

3. アパルトヘイト後の南アフリカ

　アフリカは，20世紀末には極度の貧困に苦しんでいたが，ここ十数年では世界で最も成長のはやい地域と言われるようになった。なかでも南アフリカ共和国（以下，南ア）は，VISTAの一員からBRICSの一員へ"格上げ"され，世界中から注目される国の1つとなった。その南アは，かつて「アパルトヘイト」による経済制裁を受け，豊かな資源を抱えながら限られた貿易に苦しんでいたが，1984年の白人議会，カラード議会，インド人議会を認めた三院制憲法の実施以来，次々とアパルトヘイト関連法案を撤廃し，ついに1991年人口登録法などの人種隔離基幹諸法が撤廃されて，アパルトヘイト体制が終焉した。

　ここでは，それ以後の南アフリカ共和国とサブサハラ（サハラ砂漠以南の49カ国の総称）の動向についてみていくこととする。

(1) 南アフリカ共和国　残存する人種間の格差

　アパルトヘイト（人種隔離政策）を撤廃させたネルソン・マンデラ氏が生まれてから2018年で100年を迎えたが，国民の融和に努めたマンデラ氏の理念と南アの現状の差は非常に大きい。

　ネルソン・マンデラ（1918〜2013年）は，アパルトヘイト撤廃運動を進めた結果，1964年に国家反逆罪で終身刑の判決を受け，27年間にわたる獄中生活を続けた後，91年についにアパルトを撤廃させた。93年には当時のデクラーク大統領とともにノーベル平和賞を受賞し，94年には全人種が参加する初めての選挙において，アフリカ民族会議（ANC）を率いて圧勝して大統領に就任し，99年まで務めた。

　南ア政府は，格差の是正のために，2003年にアフリカ系の人々の経済参加促進法「BEE」を制定し，アフリカ系の人々の採用や幹部登用で優遇する企業を援助した。また，無償の初等教育や社会保障の充実をはかった。その結果，アフリカ系の企業幹部は1996年には8％だったのが2015年には約40％にまで増加し，アフリカ系の富裕層もある程度増えた。しかし，権限を持たないアフリカ系の名前を幹部として記載する企業があるなど，「BEEは失敗」という意見もある。

　世界銀行によると，南アでは人口の約1割が富の約7割を保有し，貧富の差が極めて大きい国の1つとされている。とくに人口の1割にも満たないヨーロッパ系の人々に富が集中し，2014年ではヨーロッパ系の家庭の平均年収が約44万ランド（約350万円，1ランド8円で計算）だったのに対し，人口の8割を占めるアフリカ系の家庭の平均収入は約9万3千ランド（約74万円）であった。失業率もヨーロッパ系の5.7％に対し，アフリカ系は31.3％と差は大きい。さらにアフリカ系の24歳以下の失業率は5割を超え，大多数が貧困に苦しんでいるのが現状である。世界銀行は，「富裕層ほど教育や就業の機会に恵まれる機会の不均等が格差の是正を妨げている」と指摘する。

　一般社会でも差別に関する事件が続いている。大学生専用アパートがヨーロッパ系の学生だけに入居を認め批判を浴びたり，ヨーロッパ系の女性がアフリカ系の人々に対しアパルトヘイト時代の差別用語を繰り返し使ったとして，禁固2年の判決を受けている。

　一方で，アフリカ系同士の憎悪感情も一部で広がっている。ヨハネスブルク中心街では，

図Ⅲ-2-2　ヨハネスブルグのソウェトのクリップ
　　　　タウン（吉村憲二撮影）

図Ⅲ-2-3　ヨハネスブルグのソウェトのクリップ
　　　　タウン（吉村憲二撮影）

図Ⅲ-2-4　ヨハネスブルグ・サントン地区のマン
　　　　デラスクエア（吉村憲二撮影）

図Ⅲ-2-5　ヨハネスブルグのソウェトのクリップ
　　　　タウン（吉村憲二撮影）

ジンバブエやナイジェリアなどからの移民が多く住み，国内のアフリカ系の人々の仕事を奪っているとして暴行事件が起きている。

　1994年の民主化以来，政権を握り続けている与党のANCは，汚職疑惑で支持率が低迷し，アパルトヘイト撤廃のために闘ったズマ前大統領が，2018年3月に90年代の武器取引にからむ汚職などで，16の罪で起訴されている。ラマポーザ現大統領は，18年2月の一般教書演説で，「全国民がマンデラ氏に敬意を表し，より良い南アを作るために共に取り組む時だ」と発言した。

　マンデラの功績やアパルトヘイトの内容を若い世代に伝える教育も課題を抱えている。現代史を教える時間を割けない学校が多く，低賃金による教員の質の低下や貧困家庭の子どもの中退などの問題がある。年間20万人以上の来館者があるヨハネスブルクのアパルトヘイト博物館は，民主化運動に参加した人々と大学生の交流会を開くなど，若年層への歴史の継承に取り組んでおり，児童・生徒の来館を増やすように政府や学校に働きかけているが，公立学校の児童・生徒らは博物館までの交通費が支払えないなどの問題があり，ここでも貧困問題が影を落としている。クリストファー・ティル官長は，「国内外で人種差別がいまだにあり，不寛容さが増している」と警鐘を鳴らす。

　それでは現在の南アの状況はどうか。南ア経済の中心であるヨハネスブルクの北部にあるビジネスの中心サントン地区では，建設中の高層ビルが立ち並び，高速鉄道駅は乗客で賑わっている。富裕層が住むアパートは，侵入者を防ぐため高い塀や電線，有刺鉄線で囲まれている。

一方，そこから南西に約 25km 離れた旧黒人居住区ソウェトのクリップタウンの一角には，トタン屋根の小さな家が立ち並び，電柱の電線を違法に自宅までつないでいる。ここの住民の話では，生活は 20，30 年前より苦しくなったという。以前は日雇いの仕事で生計を立てていたが，今は路上でペットボトルや新聞紙を拾って $1kg^3$ ランドで売っている。月の稼ぎは多くて 200 ランド（約 1,600 円）。役所から子ども手当を受け取り，娘 2 人が有給のボランティア活動をしているが，家族 6 人を養うには足りないという。

(2) 南アフリカの企業の状況

アフリカにはもともとヨーロッパの企業が進出していたが，近年は中国の企業の進出が著しいのはよく知られていることである。だが実際にアフリカで強いのは南アの企業である。

アパルトヘイト撤廃後，南アではアフリカ域内輸出が急速に増えた。ナイジェリアやケニアなどは，まだ南アと国境がなかったにもかかわらず，使節団を送り込み貿易契約を結んでいった。機械類の調達を割高なヨーロッパから南アへ切り替えていったのである。南アは金やダイヤモンドを輸入しているが，それはアフリカでは精錬施設が南アにしかないためで，南アで精錬してヨーロッパへ再輸出しているので，南アのアフリカ域内貿易は圧倒的に黒字である。アパルトヘイト時代の南アは鉱産物をヨーロッパへ売り機械を輸入するという典型的な途上国型貿易だった。それがアパルトヘイト後は，中国やサウジアラビアをはじめとするアフリカ外との貿易赤字をアフリカ域内での貿易黒字で埋めるという地域大国型となったのである。

(3) 近年のサブサハラの動向

サブサハラとは，サハラ砂漠以南の地域を指し，アフリカ全体の 54 カ国のうち北アフリカを除く 48 カ国で構成される。ルワンダの大虐殺やソマリアのモガディシュの戦闘，ナイジェリアのボコ・ハラムなど紛争が絶えない不安定な地域という印象が強い。一方で人口は 10 億人を超え，経済市場として「最後のフロンティア」とも言われ，また，希少資源を多く産出して「資源大陸」とも考えられている地域である。

図Ⅲ-2-7　サブサハラの GDP と原油価格の推移（遠藤　貢・関谷雄一編（2017）『東大塾　社会人のための現代アフリカ講義』東京大学出版会より引用）

ここでは，南アフリカ共和国から視野を広げ，サブサハラ地域の現状について触れてみることとする。

　さて，図Ⅲ-2-7は，1970年から2013年までの，サブサハラ・アフリカ49カ国のGDPの合計をドルで表したものと，原油価格を表したものである。GDPの変化に注目すると，1970年から80年までは順調に伸びていたのが，1980年から2002年までのほぼ20年間は，ほとんど伸びていないことがわかる。同時期の原油価格の変化をみると，同じような傾向にあることがわかる。2002年以降をみても，GDPの合計と原油価格は，ほぼ同じような変化をしている。1970年から80年間の原油価格が上昇したのは，オイルショックの影響であり原油価格の上昇に伴ってアフリカ経済も活況化した。ところが，1980年から2000年の20年間は原油価格が上昇せず，アフリカ経済も停滞した。

　なぜ20世紀末にアフリカが極度の貧困に苦しんだのかといえば，この間にアフリカの人口がほぼ倍となったためである。経済が停滞して所得も増えない中で人口が倍になったとすれば，単純に考えて収入は半減したということになる。これがアフリカの貧困であった。

　だが，2000年以降になると再び原油価格が上昇し始め，それに伴いサブサハラのGDP合計も上昇し始める。しかし，70年代と2000年代のGDP上昇には違いがあり，2000年代にはサブサハラにも投資が入ってきた。アフリカに資源が豊富に存在していることは衆知のことだが，70年代には資源の眠る奥地まで鉄道や道路が整備されておらず，資源採掘は難しかった。しかし，2000年代に入るとM＆Aの進展で巨額の投資資金を調達できる資源メジャーが誕生し，資源採掘投資の規模が拡大し数億ドルの投資が可能となった。さらに技術も進歩してこれまで発見・発掘が難しかった資源にアクセスできるようになった。今アフリカで新たに開発されている油田はほとんど深海油田であり，そのために投資が入ってきたのである。つまり，アフリカのGDPは，資源の価格上昇による増加に加え，実質的な生産量も増加したため増えたのである。

　2000年代のサブサハラの経済成長を支えてきたものは何かというと，それは個人消費である。国連統計によると，2003年から2010年までの成長寄与度をみると，個人消費の寄与度は，サブサハラ・アフリカは63.5%，北アフリカは46.3%，世界全体は54.6%である。次にサブサハラで寄与度が高いのは鉱業の24.2%で，北アフリカでは38.5%，世界ではわずか6.7%である。アフリカには投資により外貨が多く流入し，資源価格の高騰で輸出収入も増えた。現在アフリカは，20年間にわたる長期不況のもとで抑えられてきた消費が爆発している状態であるが，しかし，売れている商品のほとんどは輸入品であり，アフリカは投資も消費も輸入品が主体である。ということは，資源ブームが去って外貨収入が減ればアフリカ経済は減速する可能性が非常に高いということである。

　南アフリカ共和国は，旺盛な外国投資に支えられ高い経済成長をあげているが，国内では人種間の格差拡大という問題を抱え，しばらくは不安定な国内情勢が続きそうである。サブサハラ地域もまた，資源販売と輸入に依存する不安定な情勢が続くのが現状である。

［宮嶋祐一］

［引用・参考文献］
・遠藤　貢・関谷雄一編（2017）『社会人のための現代アフリカ講義』東京大学出版会.
・朝日新聞朝刊2018年7月17日　世界発2018

3. ヨーロッパ

1. EU　統合と分離

（1）ヨーロッパ統合のさきがけ

　2度の大戦を経たヨーロッパは，国家を超えた統合による恒久的な平和を構築しようと，様々な模索がなされてきた。イギリス首相チャーチルも第二次世界大戦中に欧州統合を構想していた。ただし，各国の主権は維持したままでの協力体制であった。ソビエト連邦圏を意識した，1946年のチャーチルの「バルト海のシュチェチンからアドリア海のトリエステまでヨーロッパ大陸に鉄のカーテンが降ろされた」との発言はあまりにも有名である。

　戦後のヨーロッパでは，経済的な復興が第一に考えられ，1948年にはベネルクス（注：ベルギー，ネーデルランド，ルクセンブルグ）関税同盟が結ばれた。1950年には，フランスのシューマン外相によるフランスと西ドイツの石炭・鉄鋼業の共同管理を提唱した「シューマン宣言」がなされた。その結果，1952年にベネルクス3国にフランス，イタリア，西ドイツが加わり「欧州石炭鉄鋼共同体（ECSC）」が発足した。

　その後，1958年にはEEC（欧州経済共同体）へと発展する。1967年にはEC（欧州共同体）となり，経済のみならず政治面での結束も模索し始めた。1973年に，イギリス，アイルランド，デンマークが加盟し，その後加盟国を増やしていく。

　1993年にはEU（欧州連合）となり，いよいよ政治的な「ヨーロッパは1つ」を目指す。1999年には，単一通貨ユーロが導入された。2013年には加盟国が28カ国になったこと

図Ⅲ-3-1　2019年現在の加盟国－28カ国（EU作成）（出典：駐日EU代表部）

は周知のことである。

　イギリスは，ECSC 発足時には国家主権が制約されるとして加盟しなかった。その後，1961 年には EEC に加盟を申請したが，フランスのドゴール大統領の反対で拒否される。前述のように 73 年に EC に加盟したが，新自由主義経済を志向したサッチャー政権下（79 〜 90 年）では EC との溝が深まった。そして，ユーロにもシェンゲン協定にも参加しなかった。近年のポピュリズムの台頭により，欧州統合に懐疑的な声が噴出する。難民・移民に対する反発も大きい。

　一方で，スコットランドの独立運動は，国境のなくなった EU だからこそなせるとの機運が盛り上がった結果でもあった。それに対する反発も，反 EU 運動の活発化に結び付いている。

(2) EEC ⇒ EC ⇒ EU へ　統合の深化

　EU とその加盟国を合わせると，EU は世界最大の開発援助提供者である。さらに EU は，その諸機関と加盟国を合わせると人道援助の世界最大の提供者でもあり，地震や洪水など世界各地の大災害への迅速な緊急援助のほか，紛争や干ばつなどの被害に遭った人々に対しより息の長い支援も行っている。また，軍事的・非軍事的政策双方を併せ持つ共通外交・安全保障政策（CSDP）を通じて，EU 部隊を派遣し，軍事的な行動のほかに警察・法制度・文民行政などの強化といった，紛争後の平和構築活動を行う。

　EU はその経済的規模を十分に活用し，通商政策・環境政策・エネルギー政策など，さまざまな分野で積極的に発言・行動している。とくに，2013 年 3 月には日本と包括的な自由貿易協定（FTA）を目指し，交渉を開始した。

　EU は 60 年余りにわたり，拡大を続けてきている。1952 年に 6 カ国で発足した欧州石炭鉄鋼共同体（ECSC）は，その後何度にもわたり拡大してきた。自由，民主主義，人権および基本的自由の尊重，加盟国共通の法の支配の原則を尊重する欧州の国であれば，どの国でも加盟を申請することができる。加盟条件は，1993 年の「コペンハーゲン基準」として原則化されている[1]。

(3) イギリスの EU 離脱
①これまでの経過

　2016 年 6 月 23 日に行われた英の EU 離脱を巡る国民投票は，382 ある全投票地区の開票結果が判明した。「離脱」が 1741 万 742 票で 51.9%，「残留」が 1614 万 1241 票で 48.1% だった。投票率は 72.1% である。図Ⅲ -3-2 のように人口が最大のイングランド住民が離脱をリードしたといえよう。

　2017 年 3 月　英国，EU 離脱通知
　2019 年 1 月　英議会下院，離脱協定案を賛成 202 票，反対 432 票の大差で否決
　2019 年 3 月　英議会下院，離脱協定案を賛成 286 票，反対 344 票で再度否決
　2019 年 10 月　英国政府，欧州委員会の間で新たな離脱協定案（南北アイルランド議定書）
　　　　　　　　　と政治宣言案に合意
　2020 年 1 月　英国議会で離脱協定法が成立　英・EU，離脱協定署名
　　　　　　／31 日　英国，EU から離脱

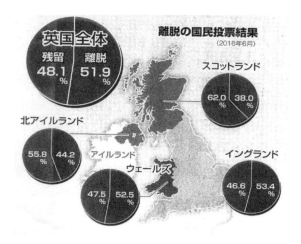

図Ⅲ-3-2　EU離脱の国民投票結果（2016年6月）
（出典：「英国のEU離脱」東京新聞 2019.11.25）

工業力が必ずしも強くない，英国。今後，Cityを中心とする金融経済に依拠するとの見方もあるが，英国に拠点を置いていた日本企業などの多くはドイツなど大陸国に拠点を移している。

図Ⅲ-3-3のように，EUからの移民が国民投票後，激減している。東欧やアフリカなどからの移民が移住したくなる環境が狭まっている。この孤立政策が英国経済にプラスに作用するか否かは未知数であろう。6750万人（2019年）前後の人口しかなく，英国の産業を支えていた労働力としての移民の動向には目を離せない。

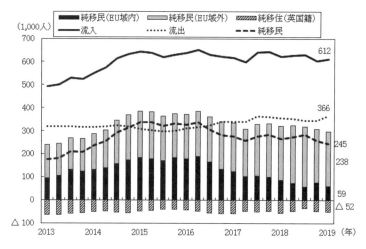

図Ⅲ-3-3　英国に流入・流出する移民数の推移（各四半世紀末までの1年間の移民数の推移）（出典：英国国民統計局／Jetro）

②なぜ離脱に踏み切ったのか

Prospect誌の創刊者，デイビッド・グッドハート氏はNHKの「"Somewhere"の逆襲〜イギリス総選挙から見えたもの〜」で次のように説明する。

離脱の要因は，"Somewhere"と呼ばれる「半径30kmあまりで一生暮らす人々。保守。低学歴の労働者や農家を中心にイギリス社会の50%を占める。グローバル化に乗り遅れた［負け組］。もともとは政治に無関心」層の意見表明だとする。"Anywhere"と呼ばれる「どこでも生きていける高学歴のエリート層。リベラル。イギリス社会で20〜25%を占める。グローバル化の恩恵を受けた［勝ち組］。長年，イギリス政治を牛耳ってきた」層の影響力が後退したとみる。

この2つの階層は，日本にあてはめるとどう考えられるだろうか。

③離脱後は

2020年12月末の移行期間までに合法的に英国に居住しているEU市民，EUに居住している英国市民は，その後も滞在が可能となる。5年間居住すると永住権を持つ。家族も同様に保護される。移行期間終了後，英国はEU単一市場，関税同盟から離脱する。EU法の適用が廃止され，英国法が適用される。

離脱協定が発効すると，北アイルランドは英国の関税領域でありながら，EUの対外共通関税率を適用する特別な地域になる。財政について，英国がEUに払う清算金は350億〜390億ポンドと試算される。確定金額は，今後の状況変化に左右される。英国は2019年および2020年はこれまで通り拠出金を支払い，割戻金を受領する。

④北アイルランド問題への悪影響

1937年にアイルランドが独立，イギリスに残った北アイルランドでは，イギリスからの分離とアイルランドへの併合を求める少数派のカトリック系住民と，イギリスの統治を望む多数派のプロテスタント系住民が対立した。1960年代から，長いテロの時代が続いた。

図Ⅲ-3-4　アイルランド島（アイルランド・北アイルランド）（出典：旅行のとも Zen Tech）

断続的に和平交渉が続いていたが，1996年になると交渉が再開し，1998年4月10日のベルファスト合意により，北アイルランド議会や，アイルランド共和国と北アイルランド議会の代表で構成される南北評議会が設立され，ユニオニストとナショナリストの双方が北アイルランド政府に参加することとなった。

しかし，ユニオニストの民主統一党，ナショナリストのシン・フェイン党の両党の党首と北アイルランド議会は，総選挙の延期を決定した。現在は各テロ組織の武装解除，北アイルランドの政治体制の変革，イギリス軍基地の撤退問題などが注目されているが，それまでの和平を担ってきた穏健派のアルスター統一党（ユニオニスト）と社会民主労働党（ナショナリスト）両党よりも，急進的な民主統一党とシン・フェイン党の党勢が拡大しており，予断を許さない状況にある。

2011年以降も，散発的な暴力事件が継続している。2013年にはベルファストの市庁舎でのイギリス国旗掲揚を中止することが議会で決定され，それに反対したユニオニスト側が議員の自宅や警官の車に放火するなど暴動事件を起こした。

なお，ナショナリストは，たいていアイルランド系にしてカトリックであり，ユニオニストはイングランド系もしくはスコットランド系にしてプロテスタントである傾向が強いが，現在は北アイルランドでも無宗教の層が増え，宗教問題と考えるのは妥当ではない。

EU加盟後，南北アイルランドには実質的に国境はなくなったが，イギリスの離脱後については，予測しにくい。

［柴田　健］

［注］
1）駐日EU代表部

2. 移民・難民

(1) ヨーロッパの難民危機とは

　2016年6月に国連難民高等弁務官事務所（以下，UNHCR）が発表した「Global Trends 2015」によれば，2015年末時点で，紛争や迫害によって家を追われた人は過去最多の6,530万人に達した。その人口の過半数の出身国は，シリア，アフガニスタン，ソマリアの3カ国で占められている。2016年の庇護申請数は200万件だった。国別の庇護申請数がもっとも多かったのはドイツの72万2,400人で，次いでアメリカの26万2,000人，イタリアの12万3,000人，トルコの7万8,600人と続く。

　なかでも中東や北アフリカでの紛争や内戦などを逃れ，ヨーロッパ連合（以下EU）に向かう人々が2015年に急増し，EUの難民および国境管理に関する制度が危機的状況に陥った。EUに限ってみると2015年の9，10月をピークに庇護申請者数は減少している。一方でこの頃から「ヨーロッパ難民危機」という用語が使われるようになった。庇護申請者のなかには，難民として保護されるべき者だけでなく，貧困から逃れるために移動してきた経済移民とよぶべき人々も含まれていた。そのため，これらの人々への対応をめぐり，EU加盟国間で対立が生じただけでなく，EUにおける庇護認定に関するダブリン規則や国境管理に関するシェンゲン協定への不満や不信が高まることになった。

(2) 21世紀「難民危機」を振り返る

　歴史上，ヨーロッパ域内・域外に向かう人々の移動は繰り返されてきた。たとえば1990年代初めに起こったユーゴスラビアの解体によって，70万人近くがやってきたことがあった。EUの統計局にあたるユーロスタット（Eurostat）によれば，2014年にEU加盟28カ国で受け付けた庇護申請数は約63万人であったが，2015年には130万人を超えるまでに増加した。UNHCRの発表では，2015年の難民総数は全世界で2,100万人に上るという。そのうちの130万人という数字が大きいと受け止めるか否かの議論は別にして，短期間に庇護申請数が急増した事実と後述するEUへの移動途中の地中海で何千もの人々が命を落とす現実があった。さらにシェンゲン協定の加盟国間では，一度域内へ入国すれば国境での検問を経ずに別の加盟国へ移動できる。そのため入国者の扱いをめぐって加盟国間の対立が激化することになった。結果として，1999年のアムステルダム条約発効以降，EUの共通政策化に向けて進められてきたシェンゲン協定およびダブリン規則に基づく枠組みに疑義が生じている。

　2015年の庇護申請者の約3割はシリア出身者であった。シリアを含め，中東や北アフリカからEUへ向かう人々が移動するルートのなかでは，地中海を船で渡るルートがよく知られている。移動途中で船が難破し，命を失う者は後を絶たず，2013年10月には，地中海に浮かぶイタリアの小島，ランペドゥーザ島近くでおきた海難事故により，300人以上が命を落としたニュースはEUに限らず日本でも大きく報道された。これを受けてイタリア政府およびそれを引き継いだヨーロッパ対外国境管理協力機関（フロンテックス）は地中海パトロールを実施するようになった。これらの事故や対応策の影響もあり地中海ルートよりも安全にヨーロッパ域内に到着できる，トルコからギリシアを通って，バルカン半

島諸国を経てドイツへと続くいわゆるバルカンルートを利用してドイツを目ざす人の流れが急速に強まった。このルートの登場により，EU 各国に危機的状況がもたらされることになった。ルート上にある国々は，多くの人々にとっては目的地ではなく，あくまでも通過国である。また，これらの国々では庇護申請者を登録し収容・審査するための環境が整っていない上に，そもそも中東および北アフリカからの難民の受入れに消極的であった。結果として，たとえばハンガリーでは，シェンゲン協定に基づき停止されていた国境検問が一時的に復活しただけでなく，隣国セルビアやクロアチアとの間にフェンスが設置される事態になった。さらにハンガリーを含めたバルカンルート上の国々は，2015 年 9 月に発表に EU が示した庇護申請者を分担して受け入れるという割当て案にも強固な反対姿勢を打ち出した。

2016 年に入り，EU はトルコとの間で，トルコから非正規の方法でギリシアに到達した者をトルコに戻すかわりに，トルコにいるシリア人難民を EU が受け入れることを柱とする「EU・トルコ声明」に合意した。また EU はトルコ国内に留まるシリア人難民に対し，資金を含む人道援助を提供することになった。このトルコからギリシアへの非正規移民流入対策の結果，バルカンルートを通ってヨーロッパに向かう人数は減少していった。さらに 2016 年 10 月には，EU 域内・域外の境界警備を強化するため，ヨーロッパ対外国境管理協力機関の権限が拡大され，ヨーロッパ国境沿岸警備機関と名称が改められた。従来と異なり，同機関のもとで設立されるヨーロッパ国境沿岸警備隊は独自の装備を保有し，加盟国の国境管理・警備当局の装備とを併用することで，短期間のうちに対外国境の業務を展開することが可能になった。

(3) シェンゲン協定とダブリン規則の穴

2011 年の「アラブの春」とよばれた民主化の動きとそれに伴う混乱によって，中東や北アフリカからヨーロッパへと向かう人の流れが生じた。シリア内戦に限ってみても 2011 年に始まったアサド政権と反体制派の内戦は，その後，イスラミック・ステート (IS) およびクルド人集団，さらにはそれぞれを支持する各国の思惑も交差し，きわめて複雑な状態に至った。その結果，UNHCR の調べでは，2011 年から 2017 年までに 500 万人以上の人々がシリアを離れたとされている。トルコはシリア人を受け入れる最大の国で，2017 年時点で約 320 万人のシリア人が登録されている。加えて，シリア国内で避難民となっている者は 600 万人を超えている。国連統計によれば，2010 年のシリアの人口は約 2,040 万人である。したがってこの数字は，同国民の半数以上が国内外への難民および避難民状態になっていることを意味する。

このような世界的な流れの中で，ヨーロッパへ向かう人が増えた。またドイツがシリア難民の受入れに積極的な姿勢をみせたことも，ヨーロッパを目ざす人が増えた要因の 1 つと言えよう。

難民および避難民の増加に加えて，EU 加盟国間の対立が深まったことで，協調した対応が困難になったことも「危機」に陥った要因として挙げられる。この対立は，大規模な人の流入によって生じた負担の不均衡をめぐり，激化した。その際に問題視されたのが，庇護申請に関するダブリン規則と加盟国間の自由な移動を定めるシェンゲン協定であった。

EU は共通庇護政策の策定を目ざし，ダブリン規則に基づく枠組みづくりに着手してきた。

難民としての庇護を求める者は，最初に到着したEU加盟国で庇護申請を行い，審査が実施されることを原則としている。つまり大多数の人が最初に到着する国であるギリシアやイタリアなどの負担が，それ以外の国と比べて大きくなることになる。両国などに入国した人々は，ダブリン規則に従いこれらの国々で庇護申請をしなくてはならない。しかし庇護申請が認められたならば，シェンゲン協定の下でドイツやスウェーデンなどを目的地とする国へ国境検問を通らずに移動していけることになる。当然目的地の国だけでなく，その途中の国々にも多大な影響が及ぶことになった。その結果，EUの理念を支える重要な制度であるシェンゲン協定およびダブリン規則に対する信頼が揺らぐことになった。

　追い打ちをかけるように2015年末からフランスやドイツで続発したテロ事件によって，シェンゲン協定で認められている加盟国間の自由移動の権利を利用し，移動する人々のなかにテロリストが含まれているかもしれないという懸念は現実のものとなった。そのことで国境検問を一時的に再開する国や復活期間を延長する国が増えていった。とくにバルカンルート上にある国々は，シェンゲン協定についてEUに繁栄や連帯をもたらすことより，安全保障上の脅威とみる傾向が強い。また近年，フランスの「国民戦線」（FN）や「ドイツのための選択肢」（AfD）といった反移民・反難民政策を訴える政党が支持を増やしている。シェンゲン協定を悪用したテロ事件が続いたことで，その原因をつくったEUに対する反発がいっそう高まることに至った。

(4) EUの制度の「危機」

　EU加盟国は，シェンゲン協定およびダブリン規則に制度上の不備や限界，すなわちEU域内の人の移動にかかわる制度や庇護認定および難民保護が「危機」に陥ったとみている。しかし規則上の問題が解決されたとしても，それだけでは「危機」はなくならない。そこには移民と難民の選別の難しさがあげられる。EU域内に入った130万人の中には，難民として国際的な保護の対象となる者もいれば，経済的困窮を逃れてよりよい生活を求める者も含まれる。このように難民と経済目的の移民が入り交じった状態を「混合移動」と呼ぶ。移動する人の集団に直面した庇護申請を受け付けた国は，「保護の対象となる難民」と「経済目的で移動する移民」との2つに選別して，それぞれに対応を分けることは非常に困難である。その現実を目の当たりにしていても受け付けた国は，申請を一つ一つ審査し，その選別することになる。しかもEU各加盟国の選別基準に大きな差があれば，EUの連帯や協調という理念に疑義が生じかねない状況に陥ってしまう。2015年の難民危機の際も，受け入れに寛容なドイツがバルカンルート上の国々との亀裂の要因となった。

　このようなヨーロッパ難民危機を経て，反移民・反難民や反イスラムを訴える政党の台頭，国内に人権問題を抱えるトルコへの非正規移民の送還，庇護申請者の分担受入れ計画に対する加盟国間の対立など，人道や人権といったEUが重視する理念の「危機」が懸念されている。フロンテックスの地中海での活動も，人命救助を名目とした水際での排除だと批判する者もいる。このような「危機」は一過性のものではなく，しばらくの間はEUを目指す人々の流れは続くとされている。一般的に，「危機」は将来に向けた改革や変容の機会とも言われている。したがって今回の「危機」を単なる制度改革の機会とみるのではなく，EUが依拠してきた開放や寛容といった価値や理念が問い直される機会と理解したいところだ。

図III-3-5　スヴァールバル諸島ロングイェールビーン (2018年8月撮影)

(5) スヴァールヴァル条約と難民

　北極海に浮かぶノルウェー領スヴァールバル諸島がある。この地は20世紀初頭までに，ノルウェーだけでなく，ロシア帝国を含むヨーロッパ各国やアメリカ合衆国が探検や領有権主張，石炭採掘などを行っていた。1920年のパリ会議でスヴァールバル条約が締結された。この条約は同諸島の取り扱いに関する多国間の条約で，日本も原加盟国の1つである。現在は45カ国が条約を結んでいる。

　この条約はノルウェーの領有権を認める一方で，ノルウェーの法律をすべては適用せず，すべての加盟国は等しくこの島で経済活動を行う権利を有すると規定した。条約加盟国の国民は，ノルウェーの入国管理や税関の審査を受けず，査証なしで入島できる。ノルウェーはシェンゲン協定を結んでいるが，スヴァールバル諸島は協定域外で，例えば首都オスロから同諸島の唯一の有人島スピッツベルゲン島ロングイェールビーンへ向かう際は出国扱いとなり，入域の際は審査等が一切ないため，パスポートにはどこにも存在しない空白の期間が存在することになる。また，スヴァールバル諸島を非武装地帯として軍事活動を禁じたため，第二次世界大戦中を除き，軍隊は駐屯していない。さらに徴収された租税は諸島内だけで使い，ノルウェー本土への流用を禁じており，ノルウェー本土の付加価値税は適用されず，事実上のタックスフリーの地域となっている。根幹は経済にあるか，研究観測かという違いはあるが，スヴァールバル条約は南極条約に似ている。

　このようなスヴァールバル諸島は条約加盟国の難民も自由に移住して経済活動を営める場所であり，地球規模で見ても極めて珍しい地域だ。スピッツベルゲン島の人口は国連統計によると2,581人（2015年）であり，ノルウェー人とロシア人がほぼ半分ずつ居住している。正確な資料がなく推測であるが，冬季の過酷な自然条件から毎年人口の4分の1程度が入れ替わっているとされている。かつてユーゴスラビアの内戦で，クロアチアから逃げて来た，あるセルビア人家族に焦点をあてた報道もあった。ヨーロッパ各地を転々としたのちにスヴァールバル諸島に辿りついたというものだ。彼らのような難民の多くは，この地での生活実績を残して，ノルウェー国籍を取得していくという。ロングイェールビーンを訪ねてみると，この町の北東部の片隅に新たに建設された住居群が並んでいることから，ヨーロッパ難民危機の余波が極北の地にも及んでいることが垣間見れる。

[内藤芳宏]

3．ヨーロッパの環境政策－循環型経済とグリーン経済

(1) 環境行動計画

　世界の産業化が加速する中で，環境対策を牽引してきたのはヨーロッパである。1972年にEC加盟国による欧州理事会がパリで開催され，ヨーロッパとしての環境対策の重要性が確認された。これを受けてECは1973年に環境行動計画（EAP）を採択し，この中では今日の「持続可能な発展」に通じる考えが盛り込まれた。1973年の第1次EAP以降，環境対策が進み，現在は第7次EAPが進行中である（2014～2020年）。

　第7次EAPの中では，とくに循環型経済とグリーン経済の実現の2つが優先度の高い目標とされた。循環型経済とは，経済活動によって生じる廃棄物を資源として活用することを指し，欧州委員会はこれを「持続可能で低炭素かつ資源効率的で競争力のある経済」と表現している。グリーン経済は，2012年に開催された国連持続可能な開発会議（リオ＋20）でテーマとされた考えで，国連環境計画の『グリーン経済報告書』の中では，「将来世代を著しい環境リスクや生態系の欠乏にさらすことなく，長期的に人間の幸福を向上させ，不平等を軽減する経済」と定義づけられている。

(2) 循環型経済

　2015年，欧州委員会は「循環型経済パッケージ」を採択した。従来，資源や製品の多くは使用の後に廃棄されてきたが，リユースやリサイクルを推進しようというものである。このパッケージでは，いくつかの数値目標が定められた。

・一般廃棄物のリサイクル率を2025年までに55％，2035年までに65％に増加
・容器包装廃棄物のリサイクル率を2030年までに75％に増加
・埋め立て廃棄量を2030年までに10％に縮小
・食品廃棄物の量を2025年までに半減

　これらは，国連の持続可能な開発目標（SDGs）のゴール12「持続可能な消費と生産パターンの確保」をより強固にした目標とも解釈できる。単に廃棄物削減に注力すると経済活動の停滞につながりかねず，産業界からの同意を得られない。そこでEUは，循環型経済の推進により，約60万人の雇用と6,000億ユーロの経済価値を創出するという目標を掲げた。資源の再利用に伴うリサイクル技術の開発，廃棄の削減による製品寿命の長期化に伴う修理業者の必要性，故障を未然に防ぐためのIoTの活用など，既存の産業の拡大や新たな産業の創出によって，ビジネスチャンスが広がるかもしれないのである。

　循環型経済は資源や製品の再利用を前提としているため，分解が容易な製品設計の義務化や，使用する素材に対する規制強化（これらはエコデザインの推進と言い換えられる）などが今後起こりうる。例えば欧州委員会は2030年までにEU域内で使用されるすべてのプラスチック製の容器や包装材を再利用可能なものにし，プラスチック製品を削減することを目標とする「プラスチック戦略」を2018年に採択した。循環型経済の推進は，マイクロプラスチック等の環境問題の改善にもつながるのである。

(3) グリーン経済

　グリーン経済の優秀な事例を紹介し，その努力を称え，さらなる促進を後押しするために 2010 年から毎年行われているのが「欧州グリーン首都賞（欧州環境首都賞）」の授与である。環境に配慮した交通手段や都市設計，循環型社会の実現などの業績から選考され，受賞都市は，観光振興，国際的な知名度向上と雇用創出，さらに住民の誇りといった恩恵を受けることができる。ここでは歴代の受賞都市から，その取り組みを 4 つ紹介したい。

① 2010 年　ストックホルム（スウェーデン）

　ストックホルムは，2050 年までに化石燃料使用ゼロを目標としている。2025 年には市内を走るすべてのバスが再生可能エネルギーを動力とする予定であり，すでに地下鉄や路面電車は，水力発電か風力発電による電気を使用している。市民 1 人当たりの二酸化炭素排出量は 1990 年の 5.4t から 2005 年には 4.0t，2015 年には 3.0t にまで減少した（2015 年の日本の同排出量は 9.0t）。

　さらに近年注目されているのが，食品廃棄物の効率的な再利用を目指すスマートフォン向け無料アプリ "Karma" である。利用者は GPS 機能により，現在地周辺の飲食店で売れ残ったメニューや，廃棄間近の食品の情報を把握できる。利用者数は 2016 年のサービス開始以来，約 2 年間で 35 万人（国民の 4.0%）を超えた。ICT 先進国らしいサービスであり，今後は国外での展開も検討されている。

　また，南部のハンマルビー地区は，1990 年から 2017 年にかけて環境に配慮した大規模な再開発が行われた。可燃ごみの焼却によって生じた排熱を家庭用暖房に利用しているほか，各家庭で発生した汚水や生ごみは発酵してバイオガスや堆肥に再利用し，汚水の一部は浄化した後に冷水や温水にして家庭や事業所に戻され，冷暖房に利用されている。

　排熱の利用は近年さらに加速しており，市の主導で 2017 年に稼働を開始したデータセンターでは，ここで生じた排熱を市内の住宅等の暖房に再利用し，アパート 2 万棟分の暖房をカバーしている。その排熱はもともとバイオマス発電から生じたものであるため，排熱の再利用により，カーボンニュートラルよりもさらに環境負荷を軽減した「カーボンポジティブ」の状態となる。自国の産業や気候を生かし，循環型経済を実現していると言えよう。

② 2011 年　ハンブルク（ドイツ）

　ハンブルクは年間 1 億ユーロもの環境に関する予算を確保しているが，とくに注力しているのは啓蒙活動だ。例えば，子どもや学校関係者の意識向上のための「フィフティ・フィフティ・プロジェクト」は，学校において省エネを推進し，節減された光熱費を自治体と学校が半分ずつ受け取るという取り組みだ。過剰なエネルギー消費を抑制し，学校は浮いた光熱費をより良い教育活動に充てることができ，環境教育という側面も持つ。ハンブルク発祥のこの取り組みは現在では世界各地で行われている。

　啓蒙活動の一環として市は 2016 年に「環境に負担をかけない供給への手引き」を発表した。この中で，ドイツ国内でカプセル式コーヒーが年間 30 億個廃棄されていること，その材料はリサイクルしにくいプラスチックであることを指摘し，カプセル式コーヒーやペットボトル入り飲料水の購入を禁止した。もともとハンブルクでは，ペットボトルの利

用にデポジット制を導入してきた。瓶やペットボトル，缶製品には予めデポジット料金が上乗せされ，回収場所に持っていくと返金される。「ペットボトル追放宣言」はこれをさらに強固にしたものだが，その背景には水道水の質の高さがある。実際，ハンブルクのグリーン首都賞選考時，とくに高く評価されたのは「気候保護」「下水」「環境行政」の3つだった。

また，ドイツは2025年までに消費電力の45.0%を再生可能エネルギーとすることを目標としており，洋上風力発電に寄せられる期待は大きい。ハンブルクでは，2014年から隔年で風力エネルギー国際総合展を開催し，毎回1,300社以上が参加するなど，世界の風力発電のメッカとなっている。現在は洋上だけではなく集合住宅の屋上でも風力発電を実施しているほか，余剰電力を使用して風力水素を生成し，燃料電池の普及にも貢献している。

③ 2014年　コペンハーゲン（デンマーク）

デンマーク自体が，2050年までにエネルギー供給をすべて再生可能エネルギーにするという目標を立てているが，コペンハーゲンは2025年までに二酸化炭素の実質排出量0（排出量と吸収量の差が0），という目標を立てている。例えば，コージェネレーションシステムを利用した地域暖房システムが市内ほぼ全域に整備され，これによって1995年からの10年間で二酸化炭素排出量を25.0%削減した。

さらに，「世界で一番自転車にやさしい街」を目指すコペンハーゲンは，2005年からの10年間で自転車関連事業に約1.3億ユーロを投入した。約400kmに及ぶ自転車専用レーンや駐輪場が整備され，2016年には，市内を走る自転車の数が自動車の数を上回った。

脱自動車を進めるため導入が進んだのが「グリーンウェーブ」である。道路に設置されたLEDライトを追うように時速20kmで進み続ければ，赤信号に遭わずスムーズに移動できる。これに加え，近年は「インテリジェント信号機」も開発された。自転車の利用増による渋滞発生や強風時などは，一定の速度で進み続けることが難しい。この信号は，自転車やバスの動きをICTやGPSで把握し，自動車よりもこれらのスムーズな流れを優先し信号を変えられるようにプログラムされている。このように，信号や渋滞のストレスを解消し，安全に楽しく，かつ環境にやさしい交通手段が促進された結果，2014年には，市内に通勤通学する人の45.0%が自転車を利用している（市民に限定すると63.0%となる）。デンマークの選挙の立候補者のうち，94.0%が自転車道の整備を公約として掲げるなど，自転車は自動車以上に日常的で重要な交通手段になっているのである。

④ 2016年　リュブリャナ（スロベニア）

東欧で初の受賞となったリュブリャナは，ヨーロッパの首都として初めて「ゼロ・ウェイスト」を採用した。これは，イギリスで生まれた考え方で，ごみの焼却や埋め立て処理をせず，リサイクルや堆肥化などによってごみの発生を減らし，ゼロに近づけるものである。スロベニアは2004年のEU加盟を機に環境対策に乗り出し，とくにゴミの分別・再利用を進めた。2016年，EU全体では廃棄物のうちリサイクルされたものは37.8%であったが，スロベニアは60.2%とこれを大きく上回った。2015年のリュブリャナのゴミ分別率の55.0%はEU加盟国の首都中1位で（28カ国の首都平均は19.0%で，最低はザグレブの1.0%），2025年にはこれを78.0%とする目標を立てている。

この分別を可能にしているのは，食品廃棄物削減による生ごみ減少，資源ごみ収集回数の増加などである。市街地には景観に配慮した様々な色の鍵付きごみ回収箱が設置されており，地下深くまで掘り下げてごみをため込んでいる。色の違いはごみの種類の違いを表しており，鍵を開けるには事業者や一般市民が事前に登録を行い，IC カードを付与される必要がある。捨てた回数はカードで管理されて後日請求が行われるほか，分別がされていなかった場合，罰金が科されるなど，徹底的にごみ収集が管理されている。

　近年「サスティナブルツーリズム（持続可能な観光）」の重要性が叫ばれており，2017 年は国連の「持続可能な観光の国際年」であった。オランダの非営利団体 Green Destinations が 2014 年以降（2015 年を除く）毎年発表している「持続可能な目的地トップ 100」に，リュブリャナは毎回選出されている。

　なお，このほかの欧州グリーン首都賞受賞都市は，ビトリア（2012 年），ナント（2013 年），ブリストル（2015 年），エッセン（2017 年），ナイメーヘン（2018 年），オスロ（2019 年），リスボン（2020 年）である（選定と発表が行われた 2 年後に，グリーン首都と 1 年間名乗ることができる）。

（4）グリーンボンド市場

　ハンブルクのように自治体がまとまった環境予算を確保できるのが理想ではあるが，すべての自治体・企業にその余力があるわけではない。このような自治体・企業を金銭的にサポートしているのが欧州投資銀行（EIB）である。EIB は世界最大の国際金融機関であるとともに，優先分野の 1 つに「気候」を定めており，気候変動に関する最大の資金提供機関となっている。企業や自治体による環境問題対策事業（グリーンプロジェクト）に対する債券発行（グリーンボンド）が急速に増加しており，2017 年には，全世界で 1,555 億ドルものグリーンボンドが発行された。グリーンボンドはこれほどの世界的市場となったが，これを創出したのは EIB の一行員である。このほか，ヨーロッパ 32 カ国の銀行が加盟した欧州銀行連盟は，2017 年にグリーンボンド活性化の方針を確認し，各国政府に対し，グリーンプロジェクトを行う企業への税控除などを求めた。さらに，ヨーロッパでは EU グリーンボンド基準の策定が予定されているなど，市場の整備が一層進む見込みである。

　このように，ヨーロッパの環境対策は，単に政府や自治体の取り組みが先進的であるだけでなく，産業界や金融業界との連携，そして一般市民の高い意識などが複合的に合わさることで高い結果を残していると言える。しかし，IPCC の地球温暖化シナリオに象徴されるように，世界の環境問題は極めて厳しい「待ったなし」の状況にある。ヨーロッパの取り組みを「特別」とせず，このような対策を世界レベルでより一層推進しなければならないのは，言うまでもないことであろう。

[村上　慧]

4. ヨーロッパの産業

(1) EU の発展と変化－国境を越える人－

　今日のヨーロッパの産業の発展は，EU の発展との関係が非常に重要である。まず「EU の原点」を考えた時，いくつかの出来事があり，その中でも大きいものが 1950 年 5 月に，フランスの外相ローベル・シューマンにより発表された「シューマン・プラン」である。その後，パリ条約の調印により，1952 年にヨーロッパ石炭鉄鋼共同体（ECSC）が発足し，石炭と鉄鋼の共同管理を行いながら，ヨーロッパにおける 3 度目の戦火は避けようとする思いが今日まで受け継がれている。ドイツ，フランスを中心として経済的手段を用いて，平和を構築していくという考えが定着している。

　さらに 1957 年には経済分野の統合とエネルギー分野の共同管理を目指し，ローマ条約が調印され，1958 年にヨーロッパ経済共同体（EEC）とヨーロッパ欧州原子力共同体（EURATOM）が発足した。そして 3 つの組織は 1967 年に統合され，今日の EU の前身となるヨーロッパ共同体（EC）が 1967 年に誕生した。同時期にイギリスを中心とした国でヨーロッパ自由貿易連合（EFTA）が発足しているが，1973 年にイギリスやデンマークが EC に加盟したことにより，その勢いは弱まった。1980 年代後半から 90 年代前半にかけての冷戦の終結とともに，EC でも 1992 年のマーストリヒト条約が結ばれ，1993 年には EC は EU へと発展を遂げた。これは経済だけでなく政治統合を目指す動きである。米ソのはざまで中立国的役割を担っていたオーストリア，スウェーデン，フィンランドも EU に加盟し，1999 年には共通通貨であるユーロも導入された（市場流通は 2002 年）。そして現在では旧東欧諸国へと広がりをみせている。EU に加盟する多くの国は，シェンゲン協定にも加盟しており，人の移動が自由である。EU に加盟していないノルウェー，アイスランド，スイスなどもこの条約に加盟しており，今やヒトやモノは自由に国境を越えている。

　実はこのような人の移動は，1950 年代から始まっている。旧西ドイツでは，1950 年代からガストルバイター（Gastarbeiter；お客さんの労働者の意）という制度ができ，イタリアやトルコなどから第二次世界大戦後の建設現場や工場など復興の現場で働く人々を受け入れてきた。オイルショック以降，ガストルバイターは停止されたが，一部の労働者は自国に帰国することなく，生活をしている。近年は労働力不足になり，2005 年の移民法改正以降は，外国人労働者へのドイツ語の習得支援なども行うようになっている。また移民の出身地にも変化が出てきている。表III -3-1 は主な国からのドイツへの外国人流入

表III -3-1　ドイツへの外国人流入人口の推移（人）

国名	1990 年	2010 年	2015 年
シリア	…	3,000	309,700
ルーマニア	78,200	75,500	221,400
ポーランド	200,900	115,600	190,800
ブルガリア	8,000 ※	39,800	86,300
アフガニスタン	…	7,400	84,900
合計	842,400	683,500	2,016,200

※は 1995 年.
二宮書店編集部（2019）『データブックオブ・ザ・ワールド 2019』二宮書店

表Ⅲ-3-2　日本の対 EU の農林水産物の輸出入額（2016 年）

対 EU 農林水産物輸入			対 EU 農林水産物輸出		
主な品目	輸入額（億円）	割合（%）	主な品目	輸出額（億円）	割合（%）
アルコール飲料	1,683	15.3	アルコール飲料	53	12.5
タバコ	1,675	15.1	ホタテガイ	35	8.3
豚肉	1,648	14.9	ソース混合調味料	25	5.9
SPF 製材	854	7.7	緑茶	23	5.4
チーズ	356	3.2	醤油	19	4.5
構造用集成材	324	2.9	播種用の種等	18	4.3
オリーブ油	307	2.8	ラノリン	12	2.8
ペットフード	277	2.5	牛肉	12	2.8
マグロ・カツオ類	268	2.4	メントール	11	2.6
麦芽	154	1.4	錦鯉	11	2.6
合計	11,035		合計	423	

農林水産省「農林水産統計」，財務省「貿易統計」，農林中金総合研究所（2018）「日 EU・EPA の合意内容と日本農業への影響」

人口の推移を示している。現在はトルコや南欧からではなく，旧東欧諸国からの移民が増加しており，ドイツの人口の約 15% は外国人となっている。このように旧東欧諸国からの移民増加も，EU 拡大の結果と言えるのではないだろうか。EU 加盟国間の関税は撤廃されているので，工業製品自体を人件費の安い国で作るというケースも増加しており，旧東欧諸国との国境地帯には，工場が進出している地域もある。

（2）EPA 締結による変化

　2019 年 2 月，日本は EU との間で経済連携協定（EPA）を結んだが，その際に話題となったことはワインやチーズが値下げになることである。逆に日本が各国・各地域と EPA を結ぶ際に課題になることが多いのが農業分野での関税の撤廃に関するものである。現在，日本にはヨーロッパから多くの農産加工品が輸入されている。輸入額は日本の対ヨーロッパ向けの輸出額の 25 倍以上で，今回の EPA 締結によりヨーロッパから日本に輸出が増加するものとして考えられているのが農産物の加工品である（表Ⅲ-3-2 参照）。今後考えられることは，他地域からの輸入品が，ヨーロッパからの輸入品に置きかえられることが予想される。EU は域内での加盟国間内での自由貿易を促進するだけでなく，他地域とも自由貿易協定を結び，貿易の自由化を進めるのが方針となっている。

（3）ヨーロッパの農業

　ヨーロッパは，大西洋を北上する暖流の北大西洋海流の影響などにより，高緯度でも比較的温暖であるため，北緯 60 度付近までは平地では畑作が中心に行われている。緯度別に見ていくと，冷涼であるため農作物の栽培が難しいスカンジナビア半島の中央部以北では，林業と家畜の飼育が行われている。林業は北方森林限界に達する北緯 69 度〜 70 度が限界である。家畜に関しては羊やトナカイが中心となっているが，ストックホルムやオスロなどでトナカイの生肉が流通されることは少ない。北極圏のスーパーを訪れても，生肉に出会うことはまれであり，むしろ毛皮の価値が高いようである。図Ⅲ-3-6 はノルウェーのアルタ近郊でのトナカイの放牧の様子であり，図Ⅲ-3-7 は先住民であるサーミがトナカイの毛皮を干している様子である。いずれも大都市での流通がないことから，商業ベース

図Ⅲ-3-6　トナカイの放牧（2013年8月撮影）

図Ⅲ-3-7　トナカイの毛皮を乾燥する様子
（2007年7月撮影）

図Ⅲ-3-8　オーストリア西部での移牧の様子
（2006年7月撮影）

での農業としては成り立っていないものと考えられる。

　一方でヨーロッパ中央部では，古くから酪農や混合農業は中心となっている。経営戸数はフランスとドイツが多く，それらの国では小麦や大麦，てんさい，ばれいしょなどの栽培が盛んである。また豚や牛の飼育が盛んに行われており，生肉としての流通に加え，ハムやベーコンなどの加工品となることも多い。また山岳地域を中心に乳牛の飼育も行われており，一部の地域では移牧（図Ⅲ-3-8）も行われているが，年々減少している。

　ヨーロッパ南部の地中海沿岸では，地中海式農業が発達している。夏は高温乾燥であるため乾燥に強い作物が，冬は温暖湿潤であるため，小麦や野菜などの栽培がさかんである。ヨーロッパではスペインはフランスに次ぐ農地面積があり，またイタリアは農家の経営戸数がポーランドに次ぎ多くなっている。南部の農業の課題は，比較的小規模形成の農家が多く，農家1戸当たりの農業生産額が低いことである。しかし南部で生産された果物や野菜がヨーロッパ全土に出荷され，食生活を支えている側面がある。

　EUでは共通農業政策（CAP）により，農業の保護のための補助金が支給されてきた。手厚い保護の中で生産過剰という懸案事項があり，長年に渡り共通農業政策の改革が進められ，かつてに比べて農家への補助金が減少している。一方で，新たなEU加盟国に対する補助金が生まれ，これらは生産の効率化や合理化に対するものに支給されている。

（4）ヨーロッパの工業

　ヨーロッパでは18世紀後半の産業革命以降，工業が急速に発展していった。ルール炭田を中心に石炭の採掘が進み，また鉄鉱山も存在することから重工業が発達していった。また北海油田などの油田開発も第二次世界大戦後に行われてきており，例えばノルウェーなどはこれらの恩恵も受け，発展を遂げている。

　北イタリアからフランス，ドイツを経てイギリス南部にかけての地帯を「青いバナナ」と呼ぶことがあり，このエリアにトリノ（自動車），ミラノ（IC），シュツットガルト（自動車），ルール工業地帯，ロッテルダム（石油化学），ロンドン，バーミンガム（鉄鋼）といった大都市，工業都市が多く入ってくる。

　「青いバナナ」以外で，現在，ヨーロッパで急成長を遂げているのはエアバスに代表される航空機産業である。長年，アメリカ合衆国のボーイング社がリードしていたが，LCCの

台頭が目立ち始め，小型機市場の需要が高まり，エアバス社のシャアが高まっている。フランスのトゥールーズで最終組み立ては行っているものの，ヨーロッパ各国の国際分業体制で部品を生産している。

（5）北欧におけるサケの養殖

　我々の食卓にも日々，多くの魚が上っている。日本で食される魚はマグロ，カツオ，サケ，アジなどがその代表ではないかと思う。例えばマグロは，その完全養殖が長年困難であったため，世界各地，とくに地中海からの輸入品が多かった。成田国際空港は「成田漁港」と言われるほど，世界から魚介類が運ばれてきていた。その多くがクロマグロ，ミナミマグロなどであり，日本のマグロ漁船が港に寄港した際に積み荷を降ろし，そこから空輸によって冷凍マグロが日本に運ばれていた。一部の航空会社では冷凍マグロ用の航空コンテナの開発もされている。

　漁業がさかんな北欧に着目すると，人々と海での漁との関わりは古いことが岩絵などからもわかっている。タラがよく獲られており，交易品などにも用いられていた。現在でも，北ノルウェーに行くと乾燥に使う大きなやぐらを目にすることができ，乾燥させて長期保存ができるようにしている。

　そんななか，近年，急速に拡大しているのがサケ（サーモン）の養殖であり，とりわけさかんに行われているのがノルウェーであり，さらにデンマークの自治領のフェロー諸島でも事情は同様である。ノルウェーが未だEUに未加盟なのは，こう言った漁業政策の違いも絡んでいる。なおフェロー諸島もデンマーク領であるが，自治が認められ，EU域外として扱われている。

　現在，ノルウェーは魚介類の輸出額では世界第2位を誇っており，漁業従事者や水産加工業の雇用者の約半分は北緯65度以上地域に集中している。海岸部はフィヨルドが形成されており，波が穏やかなため養殖地としては好適地である。ノルウェーでは入り江を意味する「fjord」や「vik」の付く地名周辺では，養殖がさかんに行われている。

　養殖は直径30mほどの大型のいかだを用いて，船から餌が配給される仕組みとなっている。ノルウェーの場合，サケの養殖自体はライセンス制度が実施されており，ノルウェー水産庁（Ministry of Fisheries）がライセンスの発行数を決めている。水産物流通研究の第一人者の佐野雅昭氏の研究によれば，本格的に養殖が始まった1970年代は小規模な養殖場が多かったが，80年代以降，政府主導により企業化，大規模化が進展し，サケの養殖業が産業化し，現在では企業的な養殖が行われており，養殖量は急激に増加している（佐野，2003）。このため日本にも多くのノルウェー産のサケが輸入をされており，スーパーなどでノルウェー産サーモンを目にすることができる。

［飯塚和幸］

［参考資料］
・財務省「貿易統計」．
・佐野雅昭（2003）『サケの世界市場―アグリビジネス化する養殖業』成山堂書店．
・二宮書店編集部（2019）『データブック　オブ・ザ・ワールド2019』二宮書店．
・農林水産省「農林水産統計」．
・農林中金総合研究所（2018）「日EU・EPAの合意内容と日本農業への影響」，総研レポート，29，基礎研No.5．

5. ヨーロッパとロシア

　オランダ，ロッテルダム。古くはニシン漁で栄えた漁村だが，現在はEUの玄関口ユーロポートを抱えヨーロッパ最大の貿易量を誇る大港湾都市である。最大の輸入品は鉱物資源で全体の約4分の1を占め，そのうちの半分が石油である。さらにオランダの最大の輸出品は石油精製品で，全体の約8%を占めている。このことからオランダは原油を輸入し，国内で精製して石油製品に変え，ドイツをはじめとするEU各国に輸出していることがうかがい知れる。そのオランダの最大の石油輸入先がロシアである（2016年42%）。2001年までは北海油田を抱えるノルウェー，イギリスが1位，2位を占めていたが，2003年にロシアが両国を抜き去り，現在は半分近くを占めるに至っている。

　一方，EUの最大の工業国ドイツ。この国においても原油の最大の輸入先は北海油田を抱えるノルウェー，イギリスの両国から1999年以降ロシアへと移り現在に至っている。もう1つのエネルギーの柱となる天然ガスについてもロシアが最大の輸入先となり，ドイツにとってロシアは工業生産だけでなく民生においても欠かせない存在になっている。このように20世紀末から21世紀にかけヨーロッパ域内の石油・天然ガスの生産が落ち込むなか，ヨーロッパ各国は石油・天然ガスの新たな供給源としてロシアへの依存を強めている。それは投資銀行の1つゴールドマン・サックスの経済学者のレポートに，「BRICs（後にBRICS）」というワードが登場した時と重なる。BRICSの1つロシアとその石油・天然ガス事業に焦点を当ててみることにする。

(1) ロシア最大の企業「ガスプロム」

　2018年ロシアで開催されたFIFAワールドカップサッカー。各会場のピッチを囲んだ公認スポンサー企業の宣伝看板は，これまでの大会と違い日本人には馴染みの薄い企業ばかりであった。その1つがロシア最大のガス企業「Gazprom（ガスプロム）」である。

　ロシア最大の企業にして，世界最大の天然ガス会社，ガスプロム。ソ連解体前の1989年，旧ガス工業省を改組して「公社ガスプロム」が設立され，1993年に完全国有会社ガスプロムに改組。その後，エリツィン大統領による民営化政策によって株式が売り出され，1998年に現在の公開株式会社ガスプロムが誕生した。この時の政府保有株の比率は41%だったが，プーチンが大統領に就任すると再び政府の保有株の比率を50%上回ることに決めた。後に大統領になるメドベージェフは，第一副首相時代からこの会社の会長を務めていたこともあり，民間企業の顔をした国営企業といえる。

　生産から輸送，販売まで一手に握る垂直型企業で，ロシアの天然ガス生産の8割以上を占め，それは世界の2割強に相当する。保有ガス埋蔵量はロシア全体の6割を占め，これも世界全体の3割強を占める。さらに「統一ガス供給システム」というガスパイプライン網を経営し，その総延長は地球を4周するといわれる。傘下には保険会社，サッカーチーム（ゼニト・サンクトブルグ），新聞，テレビ局などを擁する一大コングロマリット（巨大複合企業）である。

　生産する天然ガスの半分は国内に，半分が輸出に回され，その第1の輸出先はヨーロッパで，今やEUの天然ガス需要の4分の1をまかなっている。ロシア企業売上高国内第1

位は「ガスプロム」であるが，続いて石油の垂直型企業「ルクオイル」「ロスネフチ」「スルグトネフテガス」「バシネフチ」「タトネフチ」といった「ガスプロム」と同じ国営・国有か政府系の企業が名を連ねる。そのため今やロシアの経済体制は「国家資本主義」と呼ばれる。社会主義から国家資本主義へ，それはどういう変遷をくぐり抜けてきて生まれたのだろうか。

(2) ゴルバチョフからエリツィン，そしてプーチンへ

　冷戦末期，米国との軍備増強を競ったソ連は，軍事費に巨額を投じ，国家経済は破綻寸前に追い込まれた。この危機を乗り切ろうとしたのが，まだ50代の若き指導者ゴルバチョフであった。彼はペレストロイカ（改革）とグラスノスチ（情報公開）に乗り出し，この危機を乗り切ろうと世界から注目を浴びるが，大きな誤算が生じた。当時ソ連の輸出は50%近くが燃料エネルギー部門で占められていたが，80年代半ば以降原油価格が急落したのである。ゴルバチョフが改革に乗り出した直後の1986年には，1バレル10ドルを割り込む水準まで低下していた。さらに追い打ちをかけるように同年4月チェルノブイリ原子力発電所の大事故が発生する。ソ連経済はこの2つのショックで資金が回らなくなり，1991年の国家解体を迎える。この原油安はソ連を崩壊に追い込むための「米国の謀略」とさえささやかれた。

　原油価格の長期低迷は，その後ソ連からロシアを継承したエリツィン初代大統領が辞任する1999年まで続く。資本主義への体制転換と民主化に取り組んだエリツィンであったが，原油安が続くなかで，チェチェン紛争をはじめ政治，経済，社会の安定を維持することができず，また強引な民営化へのプロセスの中で一部の人間がその富を握ってしまう体制が生まれてしまった。そのため98年に始まったロシア財政・金融危機で事実上のデフォルト宣言に追い込まれ，エリツィンは翌年12月辞任することになった。

　ところがプーチン氏が首相の地位から大統領に就く2000年になると，原油価格は上昇し始め，大統領就任式が開かれた5月には1バレル27ドルとなった。2003年からは原油の「金融商品化」と新興国の需要拡大が重なって高騰し始め，2008年のリーマンショック前には1バレル100ドルに達した。その後一時期値を下げるも，中国の経済拡大と世界的な金融緩和を背景に11年にはふたたび100ドル台に乗せる（図Ⅲ-3-9参照）。

　原油価格の上昇はヨーロッパ各国が，石油・天然ガス資源をロシアに依存し始めた時期と重なる。ロシアは原油価格の高騰という神風が吹いたおかげで，ふたたび国力を押し上げ，大国としての復活を果たすこととなったのである。

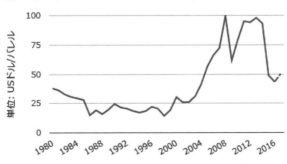

図Ⅲ-3-9　WTI原油価格の推移（1980〜2017年）
（出典：「世界経済のネタ帳」https://ecodb.net/）

プーチン，メドベージェフ，そしてふたたびプーチンとこの体制は現在も続く。この間，民営化されたはずの石油・天然ガス系企業の株は，ガスプロムと同じく半分以上が国家のものとなった。政権は急増する資源マネーを最大限活用し，公務員，軍人の給与や年金を大幅に引き上げ，鉄道など国有企業への多額の補助金，軍事費の拡大，地方自治体への支援にあてた。こうしてソ連末期から経済的な苦難を味わった国民の生活は改善され，プーチンは政権への支持を固めることに成功した。資本主義を原理としながらも，経済活動において国に大きな役割を認める「国家資本主義」といわれる所以である。その一方で財政歳入の半分以上が石油天然ガスによるものであり，資源依存の経済体制を強めることになってしまうことになった。同時にヨーロッパ諸国からみれば，エネルギー資源をロシアに依存する体制を強めることになってしまった。

（3）パイプライン戦争

　ロシアの石油・天然ガスの主産地，西シベリアのチュメニ州。ソ連時代の1950年代に開発が進み，現在も国内原油の6割，天然ガスの8割を産出する。老朽化が進みその産油量は鈍化しているといわれ，今後，東シベリア，極東地方での増産が期待されている。いずれにしても油田もガス田も消費地や輸出ターミナル（黒海やバルト海の港）から離れた遠隔地にあり，パイプライン網の整備が重要になってくる。だがそれには膨大な建設費を必要とし，その経路にあたっては安全保障の観点から戦略も求められる。

　ソ連時代から利用されていた石油パイプラインが「ドルジバパイプライン」である。ドルジバとはロシア語で「友好」の意で，石油産出の少ないソ連西部や東欧のコメコン諸国に石油を供給するために1964年に作られた。現在はロシアの石油系企業トランスネフト社が管理運営し，ロシアおよびカザフスタン産の石油をヨーロッパに輸出する最大のルートとなっている。ベラルーシ南部のマズィルで2本の線に分かれ，南線はウクライナ，スロバキア，チェコ，ハンガリーへ向かい，北線はベラルーシを横切りポーランドとドイツに到達している。

　2006年さらに08年と，ロシアは石油と天然ガス価格をめぐる交渉のもつれから，ウクライナ，ベラルーシに一時供給を停止。パイプラインが両国を経由するEU諸国への供給に大きな影響を与えた。

　こうしたことからEU各国では，ロシアを迂回する新たな輸送経路の開拓の必要性が叫ばれ，新パイプラインの建設が計画される。ロシアもまたウクライナ，ベラルーシを経由しないパイプラインを求めていた。その1つが，フィンランド湾に面したロシアのヴィボルグからドイツ北東端の街グライフスバルトを結んだ「ノルドストリーム」である。こちらはロシア（ガスプロム），ドイツ，オランダの各企業によって出資，2011年完成し，運用が開始された。さらに2020年運用を目標に，ノルドストリーム2の建設も進められている。

　一方でEU諸国は，ロシアのエネルギーに過度に依存することに対しても警戒感を強め，ロシア以外の新たな供給源とのパイプラインを計画する。それが「ナブッコパイプライン」である。2009年にアゼルバイジャンをはじめとするカスピ海沿岸諸国の天然ガスを，ロシアを経由せずトルコ東部のエルズルムを起点に，ブルガリア，ルーマニア，ハンガリーを経由してオーストリアまでの輸送を目論んだのである。しかし主となる天然ガスはアゼ

ルバイジャンのシャーデニス・ガス
田産で，それだけではパイプライン
は一杯にならず，カザフスタン，ウ
ズベキスタン，トルクメニスタン産
の天然ガスを加えることを想定して
いた。そのためにはカスピ海を横断
するパイプラインを建設しなければ
ならない。ところがカスピ海周辺国
で領海が確定されておらず，横断パ
イプラインの建設の障害になってい
る。こうした様々な理由を抱え現在
計画通りに進んでいない。

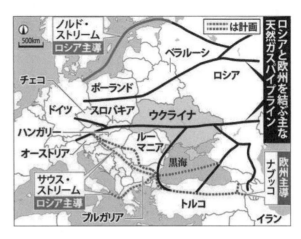

図III-3-10　ロシアと欧州を結ぶ主な天然ガスパイプライン
（　出　典：https://kotobukibune4.at.webry.info/201508/
article_5273.html）

　一方、これに対抗するようにロシ
アは，自国産天然ガスを中・東欧諸
国に供給するための「サウスストリーム」パイプラインを計画する。こちらは，黒海に面
したベレゴヴヤからブルガリアのヴァルナまで海底で結び，そこからハンガリー，オー
ストリア，イタリアを結ぶ計画で2010年から建設がすすめられ，2015年に完成予定の
はずだった。2014年ウクライナにおける騒乱をきっかけとして，ロシアが一方的にクリ
ミア半島を併合したこととウクライナ東部の親ロシア派武装勢力への支援したことで，EU
はロシアに対して経済制裁を行うとともに，G8（先進国首脳会談）への参加資格を停止した。
これに対しロシアは，このサウスストリーム計画の中止を宣言する。このようにパイプラ
インの建設ルートを巡って，EU各国とロシアとの地政学的な力関係と各国の思惑が垣間見
えてくる。

（4）東アジア・日本とロシア

　1960年代の日本，70年代のNIES諸国，80年代のASEAN諸国，そして90年代の中
国と次々と経済成長を繰り広げてきた東アジア地域。こうした東アジアの経済成長に取
り残されたのが，ソ連時代の極東地域である。しかしソ連崩壊後のロシアは，1998年に
APECに加盟，東アジア・太平洋諸国との経済連携のつながりを積極的に求め，次々と石油・
天然ガス開発ならびにパイプライン建設を進めている。

　サハリン北部には有望な油田，ガス田が存在することは知られていたが，過酷な自然条
件に加え，資本不足とロシア極東地区での市場が狭いため，手つかずのままであった。そ
んな中エリツィン時代にアメリカ，日本などの外資が参画し，進められたのがサハリン1・
サハリン2の石油天然ガス開発プロジェクトである。しかし外資主導で自国に利益が配分
されないことに不満を抱いていたプーチンは，サハリンの自然環境が破壊されるとして計
画の中断を2006年に迫る。天然ガスに関しては結局，ガスプロムが経営主導権を握る形
で再開された。日本向け原油輸出は，サハリン1が2006年から，サハリン2は2001年
から，天然ガスは2009年からLNGという形で輸出が始まった。サハリン南部のプリゴロ
ドノエにLNGプラントが作られたのは，ロシアにとって初めてのことであった。

　北極海に面したヤマル半島。ヤマルとは「地の果て」の意。ここにおいても過酷な自然

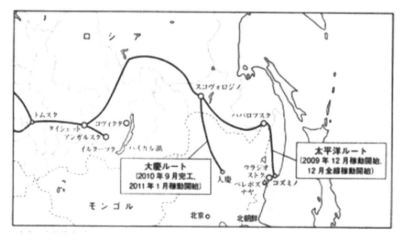

図Ⅲ-3-11　東シベリア・太平洋（ESPO）原油パイプライン（出典：斎藤元秀（2018）
『ロシアの対日政策（下）―新生ロシアからプーチンまで』慶應義塾大学出版会）

環境の中，2007年からヤマル天然ガスガス開発プロジェクトがすすめられた。国内の既存のガス田の生産が減退していく中，ヨーロッパ向け，そしてアジア太平洋諸国向けの天然ガスの生産が始まった。日本へは北極海砕氷LNG船で2017年に輸出が始まっている。

　さらに東シベリア・太平洋パイプライン（ESPO）（タイシェト～ナホトカ間）が2000年に計画され，同時に東シベリア・サハ共和国の油田・天然ガス開発も進められた。ESPOには途中中国のターチンまでの支線も建設され，原油が供給されている（図Ⅲ-3-11参照）。

　21世紀に入りロシアは，自然条件の厳しい地域での油田・ガス田の開発，パイプラインの建設を進めている。それは採算を度外視した計画ともいわれている。その背景にはロシアがアジア・太平洋という輸出先の多様化を目指すと同時に，極東での政治的イニシアティブを得ることを目指しているといわれる。一方，エネルギー資源の中東依存度が高い日本・韓国・台湾・中国の東アジア諸国にとってもロシアはエネルギー安全保障を高めるうえでも重要な存在となりつつある。とりわけ日本は，2011年の東日本大震災による原発事故をきっかけに天然ガス・石油といった化石燃料への依存が強まっている。そんな中，2018年秋，日ロ平和条約の締結をプーチン大統領から投げられた。北方領土問題も含め今後の行方が注目される。

[黒川仁紀]

[参考文献]
・「世界経済のネタ帳」（https://ecodb.net/）
・ロデリック・ライン，ストローブ・タルボット，渡邊幸治著／長縄　忠訳（2006）『プーチンのロシア―21世紀を左右する地政学リスク』日本経済新聞出版.
・小田　健（2010）『現代ロシアの深層―揺れ動く政治・経済・外交』日本経済新聞出版.
・齋藤大輔（2012）「地域経済概観」堀内賢志，齋藤大輔，濱野　剛編『ロシア極東ハンドブック』東洋書店.
・坂口　泉（2012）「資源開発」堀内賢志，齋藤大輔，濱野　剛編『ロシア極東ハンドブック』東洋書店.
・石川陽平（2016）『帝国自滅―プーチンVS新興財閥』日本経済新聞出版.
・斎藤元秀（2018）『ロシアの対日政策（下）―新生ロシアからプーチンまで』慶應義塾大学出版会.

［コラム］「世界文化遺産」フットボール

　一握りのスーパーリッチ（億万長者）・政治家に支配され，民衆の手から離れつつあるフットボール。現代版グローバリズムはスポーツを大きく変える。

　世界中に広がるフットボールの愛好者は，言葉が通じなくとも共通のルールでお互いに交流することができる。全力で戦い，終了後はユニホームの交換をする。フットボール（サッカー），ラグビー・フットボール，アメリカン・フットボールいずれも1つのボールがプレーヤーを結びつける。例え文字が読めなくても，フットボールは楽しめる。まさに世界共通理解のためのツール。英語，中国語，キリスト教，イスラム教をも超えた共通理解のツールは，まさに「世界文化遺産」No.1と言えよう。

　19世紀，近代イギリスから始まったフットボールがグローバル化していく過程は，世界各国で急速に工業化が進展するなかで，大陸・国別に独自のバリエーションを産み出した。ブラジルでは，サンバのリズム感に溢れた技巧的ドリブル等が，社会主義体制下の東ヨーロッパでは，体力重視の組織的パスゲームが発達してきた。これをフットボールにおける古典的グローバル化という。

　1990年代から始まった，フットボールの新たなグローバリズムは，従来とは違うレベルで国境を超える。例えば今日，1つのクラブチームがグローバルな意味をもっている。世界で最も裕福なイングランドのプレミアリーグを代表する，マンチェスター・ユナイテッドのサポーターは本拠地マンチェスターのみならず，ニューヨーク，東京，バンコクにもいる。しかしサポーターのなかには，このグローバル化には反対する声が多い。「「我々」のゲームが，「彼ら」に奪われてしまうというのが理由だ」[1]。近代フットボールは労働者階級のものであり続けてきた。例えば，ロンドンのフットボールクラブのアーセナルはエンブレムが大砲であるが，これは設立当時，兵器廠であったことが由来している。

　現代のグローバル化は，「我々」対「彼ら」という対立点が際立つ。サポーターの帰属意識は薄れていく。さて「我々」とはフットボールを愛する世界中の人々である。「彼ら」とは全人口の1％の，さらに1％しかいないスーパーリッチにあたる，ロシアのオリガルヒ，アジアの新興財閥，アメリカ合衆国や中東産油国の大富豪，そして政治家である。

　巨大な富と権力を手にした億万長者は，世界に多大な影響を与え続けている。スポーツを政治や金儲けのために利用し，プロスポーツを支配している。その中でもフットボールは世界中至るところで愛好者を増やしているが，「彼ら」には新たなるビジネスチャンスを意味する。この現代のグローバリズムは，現代版「資本論」を産み出した。まさに世界中至るところで進行する。フットボールも例外ではない。

［三堀潔貴］

［注］
1）ジェームズモンタギュー著，田邉雅之訳（2018）『億万長者のサッカークラブ－サッカー界を支配する狂気のマネーゲーム』カンゼン.

4. 北アメリカ

1. アメリカの工業

(1) サンベルトはいつから使われるようになったか

　サンベルトは，1969年，共和党が大統領選挙に向けて，南部の票を取り込むために使われ，以後，一般にも使われるようになった。サンベルトの定義は，北緯37度線以南のバージニア，ノースカロライナからカリフォルニアの南半分の範囲の広大なアメリカの南部地域をいう。この地域の政治的，経済的，社会的地位が高まったのがサンベルト現象だ。他方で，産業革命以降，アメリカの経済の中心だったのが北東部・中西部である。今では経済的・政治的・社会的な影響力が低下したので，スノーベルト，フロストベルト，ラストベルトなどと呼ばれる。スノーベルトは雪の多い地域，フロストベルトとは霜の降る地域，ラストベルトとは錆び付いてしまった不況地帯の意味だ。政治，経済，人口などの動きの中心がアメリカ北東部から南下しているのがサンベルト現象だ。南部には心地の良い言葉である。

(2) サンベルトの特徴は

　サンベルトには，戦前からある軽工業，豊富なエネルギー資源に頼る石油化学工業，熟練した労働力を必要とする航空宇宙産業，各種エレクトロニクス産業，サービス産業などがある。大工場が多数の労働者を雇用している北部と違い，小さい工場が分散して存在するのもサンベルトの特徴だ。現在，アメリカの重要産業は，販売，金融，保険，不動産などのサービス産業だが，アトランタ（コカ・コーラ，デルタ航空，CNNの本社），ヒューストン（6大石油会社のうち，4社が主要な業務拠点を置く），ダラス・フォートワース（アメリカン航空，テキサスインスツルメンツの本社），ロサンゼルス（オクシデンタル・ペトロリウム，20世紀フォクスなどの映像関係）のサンベルトの都市に立地している。

　人口の急増している地域は，サンベルトの中のカリフォルニア（3,925万人，全米1位，2016年），テキサス州（2,786万人，全米2位）フロリダ（2061万人，全米3位）の3州である。その後に他の地域のニューヨーク州が続く（1,975万人）。

　サンベルトは退職者を引きつけている。温暖な南部への移住は，富裕層から始まった。年金制度の整備，交通機関の発展，核家族化，南部諸地域の退職者の呼び寄せ政策などにより，より多くの高齢者が移動している。高齢者人口が集中しているのは，フロリダを中心とするメキシコ湾沿岸地域とアリゾナから南カリフォルニアに至る地域である。巨大な年金を持ち，サービス産業を興す高齢者は，サンベルト地域を活性化させている。

　以前には北東部に定住化した外国移民は，大部分がサンベルトに定住するようになった。最近の移民の中心はヒスパニックとアジア系の人々である。南部の根強く残っていたアフリカ系に対する人種差別は以前より改善されて，長年続いていたアフリカ系の人々の北部への流失が1970年代に止まり，逆流し始めたことも，サンベルトの人口増加の要因である。

表III-4-1　1人当たり GDP の少ない州のランキング

州名	1人当たり州内生産（ドル）	地域区分
ミシシッピ	37,434	南部
アーカンソー	41,580	南部
アイダホ	41,869	山岳
ウエストヴァージニア	42,291	南部
アラバマ	43,275	南部
サウスカロライナ	43,606	南部
ケンタッキー	45,464	南部
アリゾナ	45,587	山岳
モンタナ	45,786	山岳

▲1人当たり州内生産ドルの少ない州（2016年）
出典：アメリカ商務省経済分析局の統計調査

　急激な人口増にともない，政治的影響力の増大している。10年ごとに行われる国勢調査の結果に基づいて，連邦下院議員数が各州の人口に比例して各州に再配分されることになるからだ。サンベルトの多くの州が議員数や大統領選の選挙人数を伸ばして，スノーベルトの各州がその議員数を減らしている。

(3) ラストベルトは衰退しているのか

　サンベルト全体が活性化して，他方でラストベルト全体が衰退しているのではない。南部の低賃金労働中心の製造業は不況に悩み，アフリカ系労働者の失業率は高い。ミシシッピ，アラバマ，ルイジアナなどの1人当たりの州内生産額は低い。一方北東部は現在でもアメリカ製造業の中心であり，ハイテク工業化や都市内部の再開発が進む。しかし北東部・中西部の工場労働者を取り巻く状況は厳しい。

　ラストベルトは，アメリカ合衆国の北東部と中西部の地域で，脱工業化が進んでいる地帯でもある。ラストベルトはボスウォッシュ回廊（ボストンからワシントン一帯）からウィスコンシン州東部までの地域をいう。この地域の南にアパラチア炭田地帯があり，北は五大湖の水運でメサビの鉄鉱石が運ばれ，重工業が成立した。この地域の多くの都市で製造業のグローバル化が進み，工場労働者は工場閉鎖や，事業の縮小の影響を受けた。なかでもデトロイトの自動車産業の工場は一時国有化された。

　ピッツバーグの鉄鋼業，シンシナティの石炭産業，シカゴ，クリーブランド，バッファロー，デトロイトなどの重工業は，1960年代以降，グローバリゼーションと自由貿易体制の拡大によって衰退した。ラストベルトの工場労働者は，低賃金で生産できる国との厳しい競争により，賃金が減らされ，失業に追い込まれた。1970年から1971年の不況に始まって，製造拠点が国外に移転して，合衆国内の工場労働者の数が減り始めた。国内の仕事はサービス産業やICTなどハイテク工業に傾斜した。

　製造業の雇用数減退は，とりわけ北西部や中西部での工場の廃棄につながり，これを強調するラストベルトという名称が付けられた。製造業の雇用は減少したが，アメリカの生産額は確実に増加している。アメリカは世界でも優れた生産地域の地位にある。アメリカの製造業は労働集約型の生産工程では低賃金の国に負けるが，高付加価値製品の生産とロボットを活用した自動生産が行われている。労働集約型の製造業に関わってきた労働者は厳しいが，ラストベルトの領域1人当たりの州内生産額はアメリカでもかなり高い地域である。

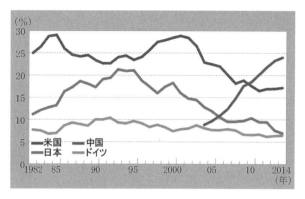

図Ⅲ-4-1　主要国の製造業GDP世界シェアの変化（米ドル建て）
（出所：国連統計より三井物産戦略研究所作成「トランプ新政権の採り得る経済政策は何か？」）

1985年に始まった対中国貿易赤字をはじめ，日本，台湾，大韓民国のようなアジア諸国に対しても赤字額が増えている。反グローバリゼーション抗議を含め，反対運動が起きた。

民主党が環太平洋パートナーシップ協定（TPP）への参加を進めたことから，工場労働者達が不満を抱き，反対するようになった。2016年アメリカ合衆国大統領選挙において，もともと共和党寄りであったウエストバージニア州はもちろん，労働者が多く長年民主党の地盤であったインディアナ州・ミシガン州・オハイオ州・ウィスコンシン州・ペンシルバニア州が相次いで離反し，環太平洋パートナーシップ協定交渉離脱を掲げる共和党のドナルド・トランプを支持した。これによりトランプが大統領選を制したという見方も強く，「ラストベルトはトランプを大統領にした地」と言われている。

（4）競争力のある航空宇宙産業

アメリカの製造業が競争力を失う中で，航空・軍需産業は世界的な工業部門である。ボーイング社（本社シカゴ）は，1997年にマクドネル・ダグラスを買収し世界最大の航空機メーカーとなり，民間航空機分野ではヨーロッパのエアバス社と市場を二分している。新型機として787-10ドリームライナー，737MAX，そして777Xの開発を進む。世界の民間航空機の約半数に当たる1万機がボーイング製で，世界の貨物機の約90%がボーイング製だ。

軍用機ではF15やF/A18スーパーホーネット戦闘機，軍用ヘリAH64アパッチ（いずれも旧マクドネル・ダグラス社開発）などがある。ロケットエンジンや防衛システム，人工衛星なども生産して，最近は宇宙事業の拡大に力を入れている。

軍用機ではロッキード・マーチンが最大手企業である。同社は1981年に民間機事業から撤退し，1993年にゼネラル・ダイナミクスの戦闘機部門を買収，1995年にマーチン・マリエッタと合併し，現社名となった。2015年にはヘリコプター製造企業シコルスキーを買収するなど，軍需部門の強化に努めている。

ゼネラル・ダイナミクスは，ビジネスジェットのガルフストリームを傘下に持ち，本来の潜水艦，戦車や装甲車などの軍用車両，政府機関向けや軍事用のITサービスを手掛ける。2018年2月に同業のCSRA社を買収し，ITサービス部門の強化・拡充を図っている。

ユナイテッド・テクノロジーズは，航空機やロケットエンジンのプラット・アンド・ホイットニー，空調・セキュリティのUTCクライメイト，民間航空機向けシステムのUTCエアロスペース，エレベーターのオーチスの4事業を展開している。2017年9月に，航空機の電子機器や通信・管制システムなどを政府機関や民間企業に提供しているロックウェル・コリン（COL）の買収を発表した。

(5) 保護関税の影響

　トランプ大統領が主張するアメリカ第一主義は，自国産業保護のための通商政策として早々に実施された。2018年3月から手はじめに，鉄鋼・アルミへの関税賦課を行った。鉄鋼やアルミ製品の輸入が米国産業を弱体化し，安全保障の脅威になるとして，鉄鋼・同製品に25%，アルミ・同製品に10%の追加関税を賦課した。国内の鉄鋼メーカーとアルミメーカーはその恩恵を享受しており，業績も好調で，株価も上がっている。米国最大の鉄鋼メーカーであるニューコア社は，鋼板，棒鋼から鉄鋼製品まで製造・販売をしており，2017年の粗鋼生産量は世界11位である。小規模な電炉による効率生産が同社の特徴で，メキシコにJFEスチールとの合弁会社を設立し，自動車向け鋼板の生産している。

　1901年創業の老舗USスチールは，米国内では主力のゲーリー製鉄所など五大湖周辺を中心に高炉により鉄鋼生産を行っている。外国ではスロバキアに高炉を持つ。2017年の粗鋼生産量は世界26位。同社も神戸製鋼所との合弁拠点で自動車向け鋼板の生産を拡大。

　アメリカ最大のアルミニウム製造企業だった旧アルコアが2016年に分社化し，ボーキサイトやアルミナ，アルミニウム鍛造などの上流部門を担うアルコア（本社ニューヨーク）と航空機向けジェットエンジンやガスタービン，自動車や建築資材向け製品など下流部門を担うアルコニック（ARNC）が誕生した。分社化後は両社ともにさまざまな改善を進めてきており，2018年12月期は業績回復が見込まれる。

(6) トランプの保護主義がどこまで影響するか

　トランプ大統領は，貿易赤字は悪であるという考えから，外国からの輸入品に関税をかけ，国内製品を保護して，製造業と労働者の雇用を確保しようとした。そこで合衆国最大の貿易赤字国である中国を標的にした。2018年3月アメリカが通商拡大法232条に基づき鉄鋼，アルミニウム製品に追加関税を行う方針を発表。課税幅は鉄鋼25%，アルミ10%。アメリカの安全保障を理由にするもので，中国を含めたほとんどの国が対象となった。

　トランプ政権は次々と中国製品への関税や関税引き上げを発動した。負けず劣らず中国も報復措置として，アメリカからの輸入品に関税をかけるなどし，2018年末にはアメリカは中国製品のほぼ半分，中国はアメリカ製品の約7割に関税をかけた。しかし，好調なアメリカ経済や利上げに伴うドル高，中国以外の国からも関税をかけられたことなどもあり，アメリカの2018年対中貿易赤字は4,192億ドルになった。中国製品への課税だけでなく，2018年11月にはトランプ政権は，中国の通信機器大手ファーウェイへの締め付けを強化した。アメリカは，中国がハイテク技術の分野で急激に台頭していることへの警戒を強めている。国内の産業界からの反対があってもトランプ政権は対中政策を変えないでいる。

［笹川耕太郎］

［参考文献］
・富田虎男・鵜月裕典・佐藤　円編著（2015）『アメリカの歴史を知るための63章（第3版）』明石書店.
・株式会社三井物産戦略研究所レポート（2016年12月9日）「トランプ新政権の採り得る経済政策は何か？」（https://www.mitsui.com/mgssi/ja/report/index.html）
・世界を変えた「アメリカ製造業」たちの現在地・2018・「米国四季報で読み解くアメリカ優良企業」（https://toyokeizai.net/articles/-/250381）

2. アメリカの農業

(1) アメリカは農業大国

アメリカ合衆国の農業生産は 3,532 億ドルで GDP の 1.9% 程度を生産している（2016 年国連統計）。農業従事者数は 241 万人で全就業者数の 1.6% 程である。アメリカの農産物は世界各地に輸出されていて，トウモロコシ，大豆は世界 1 位の生産量，輸出量を占めている（2016 年 FAO）。その生産量は世界の 3 分の 1 を超えている。小麦，グレープフルーツ，綿花の輸出も多い農産物である。アメリカの農家数は 205 万戸であるが，（2016 年）小規模家族農家（農業収入 35 万ドル未満）が全体に占める割合は約 90% で，中規模家族農家（農業収入が 35 万ドル〜100 万ドル）は 6% ほど，大規模農家（農業収入が 100 万ドル〜）は約 4% になっている。総生産額では 3,532 億ドルのうち，小規模家族農家が全体の 22% ほどを占め，中規模家族農家が 21% で，大規模農家が約 55% になっている。アメリカの農業は大規模な機械を導入した家族農家が主流である（平均経営面積 177ha）。

輸出農産物は 5 つの地域で生産されている。小麦は春小麦地帯（ノースダコタ），冬小麦地帯（カンザス，モンタナ，ワシントン，オクラホマ）で，牛乳はカリフォルニア・アイダホや酪農地帯（ウイスコンシン，ニューヨーク，ミシガン）で，トウモロコシや大豆は中西部のトウモロコシ地帯（アイオワ，イリノイ，ネブラスカ，ミネソタ，インディアナ），牛の牧畜はテキサス，ネブラスカ，カンザス，カリフォルニア，オクラホマで，綿花は南部綿花地帯（テキサス，ジョージア，ミシシッピ，アラバマ，アーカンソー）で生産されている。

(2) アメリカの農業問題－土壌浸食・地下水枯渇－

農業生産にとって不可欠な生産要素は，太陽の光，水，土などの自然である。水の中でも雨水や太陽の光は豊富であるが，地下水や土壌は，再生産の過程が長いか，ほとんど再生不能な資源である。地下水は長い年月をかけて蓄えられている。土壌は地表面の土で，植物が生育できるのは表面から 20 〜 30cm の土壌だ。それより下の土は，植物に必要な水を蓄え，植物が呼吸できるように空気を通らせる構造がない。その土壌は有機物と微生物によって作られ，1cm 作るのに 200 年から 300 年かかる。

1t のトウモロコシを生産するのに千 t の水を必要とされる。アメリカの灌漑農業の 6 割は地下水を活用しているが，過剰な水の活用によって水資源の枯渇が指摘されている。アメリカのロッキー山脈東部にひろがるアメリカ大平原のオガララ帯水層という地下水脈の 5 分の 1 は消滅し，水位は 12m も低下している。

土壌は，風と雨によってなくなる。しかし，日本のような湿潤な気候では，土が湿り気を持つので，風によって飛ばされにくい。また，植物の生育がよく土壌が植物に覆われる地域は，土壌は露出しないので飛ばされない。アメリカ中西部の降水量の少ない地域では風による土壌侵食が激しくなる。アメリカでは，大型機械の活用により表土が深く耕されるとともに，作物の単作化が進み収穫後の農地が裸地として放置されるので，風や水に土がさらされやすくなり，土壌侵食が進行する。1930 年代アメリカの大平原地帯では開拓された農地から強風により表土が吹き飛ばされるダストボウル[1] という現象が発生し，シ

表Ⅲ-4-2　主要穀物の生産・輸出状況

年度	小麦			トウモロコシ			大豆			米		
	生産量	輸出量	輸出率	生産量	輸出量	輸出率	生産量	輸出量	輸出率	生産量	輸出量	輸出率
2007	2,051.1	1,262.6	61.6	13,037.9	2,437.4	18.7	2,677.1	1,158.8	43.3	198.4	105.3	53.1
2008	2,511.9	1,015.4	40.4	12,043.2	1,848.9	15.4	2,967.0	1,279.3	43.1	203.7	94.4	46.3
2009	2,208.9	879.3	39.8	13,067.2	1,979.0	15.1	3,360.9	1,499.0	44.6	219.9	108.4	49.3
2010	2,163.0	1,291.4	59.7	12,435.3	1,830.9	14.7	3,331.3	1,505.0	45.2	243.1	112.6	46.3
2011	1,993.1	1,051.1	52.7	12,314.0	1,539.2	12.5	3,097.2	1,365.3	44.1	184.9	100.9	54.6
2012	2,252.3	1,012.1	44.9	10,755.1	730.1	6.8	3,042.0	1,327.5	43.6	199.9	106.6	53.3
2013	2,135.0	1,176.2	55.1	13,829.0	1,920.8	13.9	3,358.0	1,637.8	48.8	190.0	93.3	49.1
2014	2,026.3	864.1	42.6	14,215.5	1,866.9	13.1	3,927.1	1,843.4	46.9	222.2	95.7	43.1
2015	2,061.9	777.8	37.7	13,602.0	1,897.6	14.0	3,926.3	1,942.3	49.5	193.1	107.0	55.4
2016	2,308.7	1,055.1	45.7	15,148.0	2,292.9	15.1	4,296.1	2,173.7	50.6	224.1	116.7	52.1

資料：USDA/ERS.Data Products.
1ブッシェルはトウモロコシ25.4kg，小麦・大豆は27.2kg1ポンド＝≒0.45359kg
単位：100万ブッシェル・米は億ポンド

カゴやニューヨーク等までこれが飛来した。それを機に，アメリカ農務省に土壌保全局（現天然資源保全局）という特別の組織が1930年代に設置された。以来，70年以上も対策が講じられているが，土壌流出はアメリカ農業の大きな問題である。

(3) 中西部の土壌浸食対策と問題点

　アイオワからイリノイに続くハイウエーを1日走っても，トウモロコシ畑と大豆畑が地平線の彼方まで延々と続く。2016年のイリノイ州農家の平均耕地面積は約152haで，主にトウモロコシと大豆を2年輪作で栽培している。コーンベルト地帯の大豆とトウモロコシによる典型的な2年輪作体系は，徹底した機械化による生産の効率化と輸出農産物としての収益性を追求した結果である。一方で，短期輪作による土壌病害の発生や畑を耕した後の大雨によって表土が流亡する土壌浸食などの環境問題は，現在も中西部の地域の農家にとって大きな問題となっている。アメリカ中西部では1930年代に激しい砂嵐が地域を襲い，深刻な被害を与えた。以来，土壌保全の対策が始まり，政府は補助金などによってその土壌保全を支援した。1960～80年頃になると，耕す回数を少なくする保全耕起や，まったく耕耘しない不耕起栽培が行われるようになった。現在では，アメリカの農地の約65％が，こういった保全耕起の農地となっている。それらの耕作方法を支えているのが，遺伝子組換え作物の種子，除草剤，不耕起栽培用の農業機械が普及である。ヨーロッパのフランスでは，全農地の3分の1程度が不耕起栽培を行っている。

　アメリカとフランスとの共通性は，アメリカとフランスには，世界的な規模の製薬会社があることだ。アメリカにはモンサント，デュポン，ダウケミカル等，フランスではアベンティス（ドイツのバイエルに買収）。この他ではスイスのシンジェンタ社がある。そして，これらの会社は，いずれも遺伝子組換え作物の種子を販売している会社だ。とくに大きなシェアを持つのが，アメリカのモンサント社で，除草剤のラウンドアップで有名な会社だ。そして，遺伝子組換え作物を推進している会社でもある。遺伝子組換え技術と不耕起栽培は大きな関わりを持っている。

　不耕起栽培の一番の弱点は雑草である。雑草退治には除草剤を使用する。茂っている雑草の種類は様々なので，接触したすべての植物を枯らす除草剤を使う。そうすると肝心の

作物まで枯れる。そこで遺伝子組み換えにより，その除草剤が効かない遺伝子を組み込んだ作物の種子を開発する。メーカー側にとっては，種と農薬をセットで販売できるので，一挙両得だ。

生産者側にとっても，農薬と種代よりも耕耘と除草コストの削減（政府からの補助金もある）の方に魅力的である。同じ除草剤を使い続けると，雑草がその除草剤に対して耐性を持ち始めて，効かなくなる。そのため，メーカーは新しい種類の農薬を開発する必要があり，生産者側も新しい種や農薬を買替えざるをえない。また，同一作物による特定の雑草の繁茂を防ぐために，輪作をすることも推奨されている。輪作をすると，前作の作物自体が雑草化した場合，除草剤が効かなくなる。アメリカで実施されている不耕起栽培は，農薬を多投する農業で，化学肥料や農薬をひかえる有機農業とは逆の方法である。

（4）穀物メジャー

穀物メジャーは，大豆やトウモロコシ，小麦などの穀物の国際的な流通に関わる商社である。1990年代には，五大穀物メジャーにより世界の穀物流通の70％を取り扱った。1963年にケネディ大統領は，400万tを上限として小麦をソビエト連邦へ輸出することを許可した。1972年，世界的な凶作による食糧危機が発生。同年夏にソビエト連邦は，コンチネンタルグレインからトウモロコシ625万t・コムギ500万tをはじめとする穀物を大量に買い付けて，穀物は核，石油に次ぐ「第三の戦略物質」となった。アメリカの穀物輸出は，余剰在庫の処分から世界市場の獲得を目的としたものとなり，大手穀物会社は穀物メジャーと呼ばれるようになった。

穀物メジャーの事業は生産者から穀物を集荷し保管し，小口の穀物を大口の規格品にまとめ上げる。穀物の大量輸送により，輸送コストを下げる。年間を通じ，大量の穀物を安定供給する。輸入国の需要動向を測り，需給を調整するなどである。

1970年代以前は，倉庫に保管している在庫を販売する形態であったが，大量取引が増えるとそれでは間に合わないようになった。先に輸出契約を締結してから，農家から穀物を買いつける，商品先物取引に近い形態に変わった。

（5）カーギル本社

カーギル社は，アメリカ合衆国ミネソタ州ミネアポリス市近郊のミネトンカに本社を置く穀物メジャーである。穀物のみならず精肉・製塩など食品全般および金融商品や工業品にビジネスの範囲を広げている。カーギル社の企業形態は，株式の全部をカーギル家とマクミラン家の関係者が所有する同族企業であり，非上場企業としては世界最大の売上高を誇る。情報の公開を義務づけられる公開会社ではない。20世紀に資産が飛躍的に成長をして，アメリカを中心に世界各地で15万5千人の従業員が働いている。

ミネアポリスにある本社は，外観が古風な建物となっている。古城のような外観から通称は「シャトー」と呼ばれている。内部は一大情報センターとなっており，全世界における穀物生産・消費の情報をもとに経営戦略が練られている。アメリカの中西部，穀倉地帯からメキシコ湾，五大湖，大西洋西岸にかけて穀物エレベーターを駅ごとに所有し，このシステムを背景に仕入れ価格を支配してきた。

穀物メジャーは，石油メジャーとともに政治と密接な関係を持つ場合が多い。米国の対

日貿易政策にも影響を与え，第二次世界大戦後の日本が米の余剰にもかかわらず，学校給食でパン食や肉食メニューを増やし，日本人の食習慣を欧米化させ，対米穀物輸入を増加させた対日政策の推進には，アメリカの政治家に対する穀物メジャーの政治力が働いたと考えられている。

　主なカーギル社の事業の1つに，原料とバイオ産業部門があり，食品および飲料製造業者，食品サービス会社，小売業者へ，食品ならびに食品以外の原料を提供している。家畜および養殖用栄養事業では，120年の経験と40カ国での操業で得られた知識を結集し，他社にはない研究能力，革新的な飼料と混合飼料製品およびサービス，コンピューターによるモデル化および薬剤の調合・成型を通じて，さまざまな飼料製造業者および流通業者，畜産および養殖農家向けに家畜や養殖のためのより良い飼料提供をしている。

　タンパク＆食塩事業では，牛肉，鶏肉，カットおよび加工肉，卵製品を食品メーカー，食品サービス会社，食品小売業者向けに加工している。

　カーギル社の塩は，食用，農業，水の軟化と凍結防止に使われている。米国，カナダ，中米，中国，東南アジア，英国で多くの事業を展開している。

　農作物販売網では，集荷，貿易，加工，流通を通じて世界中の穀物や油料種子の生産者と消費者をつなぎ，さまざまな農業サービスとリスク管理のための解決策を提供している。

[笹川耕太郎]

[注]
1) ダストボウルによって，（1930年代）中西部における長年にわたる不適切な農業慣行（過剰なプラウ，すき込み等）と干ばつが重なり，大規模な風食によるダストストームが発生し，農業者を中心に50万人の失業者を生んだ．

[参考文献]
・北原克宣・安藤光義編著（2016）『多国籍アグリビジネスと農業・食料支配（明石ライブラリー）』明石書店.
・菅　正治（2018）『本当はダメなアメリカ農業』新潮新書.

3. アメリカ社会の理想と現実

(1) 移民国家アメリカ

　アメリカ大陸における人類の歩みは，1〜3万年ほど前，ユーラシア大陸から北アメリカ大陸に渡った現世人類がアメリカ大陸に拡散，最後は南米大陸南端まで到達したと考えられている。いわゆるグレートジャーニー，アフリカ中南部人類起源説によれば，アメリカ大陸は人類最後のフロンティア。ネイティブ・アメリカンもまた移住者≒移民だった。その後，歴史の表舞台に登場するのは1492年のコロンブス以後となる。

　移民国家アメリカはこれまで，WASP（白人，アングロ・サクソン，プロテスタント）中心につくられてきたと言われる。確かに19世紀半までアフリカ系アメリカンは奴隷，中国系は苦力（クーリー），確かに為政者は白人であった。1910年代までヨーロッパ系白人が移民の大半を占めている。自由の女神とラザルスの言葉は，白人のためだった。第二次世界大戦後は非白人が増加，1990年代からは19世紀以上の大量移民がラテンアメリカとアジアなどから流入している。現在もアメリカ合衆国は世界から移民を受け入れて発展している移民国家。アジア系のインド人，中国人等が増加している。21世紀半ばにはアジア系アメリカ人がアメリカ合衆国の最大多数となるとの予測もある。

　次の自由の女神の台座に記された詩は，アメリカ合衆国の理想を語っている[1]。

「"新しい巨像"

エマ，ラザルス作　1883年

　国から国へ征服の翼をひろげたとされる，

ギリシアの有名な青銅の巨像とは異なり，

ここ，海に洗われ，日の沈む，この国の門に

たいまつを掲げた大いなる女人が立つ。

そのたいまつの炎は幽閉された稲妻，

そしてその女人の名は「亡命者の母」。

彼女の指し示す手からは世界への歓迎の光が輝きでて，

彼女の優しい眼は，双子の都市をつなぐ架け橋の港を望む。

「旧い国々よ，歴史で飾られた貴国の威厳を保ち続けなさい」と彼女は叫ぶ，

物言わぬ唇で。「私に与えなさい，貴国の疲れた人々，貧しい人々の群れを，

自由に生きたいと請い願う人々の群れを

人間が溢れんばかりの貴国では屑ともみなされる，惨めな人々を。

家もなく，嵐に弄ばれる，これらの人々を，私のもとに送りなさい。

黄金の扉のかたわらに，私は灯火をかかげましょう。」[1]

　この詩の作者であるユダヤ人女性は，アメリカ合衆国が「人類の避難所」として存在すること，そのシンボルが自由の女神であると謳っている。トランプ大統領はアメリカ第一主義と偉大なアメリカ復活を目指すというが，実際は自由の女神の理想を放棄し，WASPのアメリカに回帰することを目標としているように見える。トランプの退場は，WASP終焉の証しとなるのか。

(2) 坩堝からサラダボウル

「坩堝」がアメリカ社会の特徴として広まったのは，ユダヤ人作家イズラエル・ザングウィルの戯曲『Melting Pot』（1908 年初演）以降といわれる。そのなかで，「ヨーロッパのあらゆる人種が融け合い，再形成される偉大な坩堝」とアメリカ社会を表現する。また，『アメリカ史. Jにおけるフロンティアの意義』（1893 年）で知られるフレデリック・ジャクソン・ターナーも，「フロンティアの坩堝のなかで，移民はアメリカ化され，解放され，国民性もイギリス人とは異なった人種へと融合されていった」と主張。20 世紀半ばには，ジョン・F・ケネディ『A Nation of Immigrants』（1958 年）が「移民の国　アメリカ」の代表的著作となった。

「人種のサラダボウル」と言えば，ニューヨークが代表される。2017 年アメリカ合衆国国勢調査局の調査では，ニューヨークの人種構成は，白人 55.5%，ヒスパニック 19.0%，黒人 14.3%，アジア系 8.4%，その他 2.8% である。さらに，ニューヨークの 5 区ごとに人種構成は異なる。ブロンクスはヒスパニックが 56%，クイーンズはアジア系 25.3% が多いなど。さらに，ユダヤ人街＝ゲットー，イタリア人街＝リトルイタリー，中華街など。アメリカ合衆国で最も人種による棲み分けが徹底した都市といわれる。1980 年代，ニューヨークのセグリゲーション（棲み分け）が取り上げられ，都市問題として取り上げられた。その後，世界中からやって来た，様々な人種・民族のライフスタイルの多様性が，「人種のサラダボウル」として生き生きと語られた。1990 年代にはニューヨークのスラム再開発が注目され，ジェントリフィケーション（富裕層の流入で住環境が改善されること）の典型とされた。

カリフォルニア州の人種・民族構成は，アメリカの今後を先取りしている。2015 年のセンサスによると，ヒスパニック 38.8%，白人 37.8%，アジア系 14%，黒人 5.6%，その他 3.8% となる。白人以外が 62.2% となる。トランプ大統領が「アメリカファースト」を掲げることに反発，カリフォルニア州独立の声が高まった。全米一の経済力をもち，あらゆる産業でアメリカのトップをひた走るカリフォルニア，その原動力は世界中からやって来た移民からなる多民族社会。インド，ロシア等から優秀な人材が流入している。シリコンヴァレーの先端産業では世界各地からの頭脳流出により集まった人材によって，新たなイノベーションが持続可能となる。アメリカ社会の強みは世界各地からの移民によってもたらされていることは，いつの時代も変わらない。

(3) スポーツ国家アメリカ

アメリカ社会をスポーツの視点からみると，人種・民族問題等がより鮮明になる。

スポーツの近代化はアメリカ資本主義の発展と密接に関係している。アメリカ四大スポーツの野球，アメリカンフットボール，バスケットボールはアメリカで誕生している。近代アイスホッケーはカナダで誕生している。野球は南北戦争前後に誕生して発展し，1839 年，ニューヨーク州の片田舎クーパーズタウンで誕生したとされる。さらに 1845 年にニューヨークのニッカボッカー・ベースボールクラブが，野球の競技規則を整備した。南北戦争後，1869 年最初のプロチーム，シンシナティ・レッズが創設され，1876 年にはプロリーグのナショナル・リーグが結成された。

アメリカ社会最大の課題は，建国以来人種問題であった。公共施設における人種隔離を

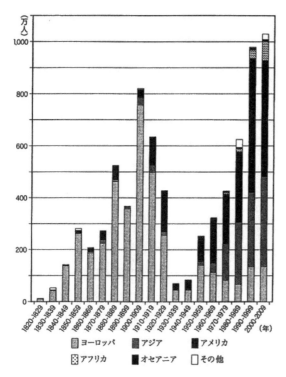

（万人）
1,000
800
600
400
200
0

1820-1829 1830-1839 1840-1849 1850-1859 1860-1869 1870-1879 1880-1889 1890-1899 1900-1909 1910-1919 1920-1929 1930-1939 1940-1949 1950-1959 1960-1969 1970-1979 1980-1989 1990-1999 2000-2009 （年）

☐ ヨーロッパ　■ アジア　■ アメリカ
▨ アフリカ　■ オセアニア　□ その他

図III-4-2　アメリカ合衆国への出身地域別移民統計（1820
～2009年）（貴堂嘉之（2018）『移民国家アメリカの歴史』
岩波書店，7頁　図0-2）[2]

定めた「ジムクロウ」と呼ばれる法律が，「分離されども平等」という論理で，空間隔離が合法化されていた。第二次世界大戦後に「ジムクロウ」は廃止されるが，この廃止にはスポーツが先駆的役割を果たした。陸上短距離のジェシー・オーエンズのベルリン・オリンピックの活躍（金メダル四種目獲得）で，ナチスの人種差別を否定する役割を担ったが，人種の壁は破れなかった。野球は戦前からニグロ・リーグは高いレベルにあったが，「ジムクロウ」の壁は高かった。しかし，1947年，大リーグのブルックリン・ドジャース，ジャッキー・ロビンソンが新人王に輝くことで，白人側が黒人の能力を認め，自発的に差別を撤廃した。アメリカ型競技で能力主義が拡大し，民主的精神が浸透する契機となった。

　1960年代，公民権運動の高まりは，マーティン・ルーサー・キング牧師の登場で知られている。スポーツ界ではモハメッド・アリのベトナム戦争反対から徴兵拒否し有罪となるなどの行動が目立っていた。さらに，1968年，メキシコ・オリンピックで，陸上200mで1位のトミー・スミスと3位のジョン・カーロスが「ブラックパワー・サリュート」（黒い手袋をして表彰台で拳を突き上げて，世界に人種差別反対を示す過激な行動）もみられた。このとき2位のオーストラリア人ピーター・ノーマンも，人種差別反対運動のメダルを付けていた。IOCは直後に，オリンピック憲章に違反する政治的行為として，スミスとカーロスをオリンピックから追放した。しかし，彼らはその後幾多の苦労を乗り越え陸上界で指導者となり，大学教員となるなど活躍している。彼らの母校カリフォルニア州立大学サンノゼ校には記念像もある。一方，オーストラリア人ノーマンは，その後表舞台で活躍する機会はなかった[3]。

　1950年代後半，ニューヨークの2球団がカリフォルニアに本拠地を移転。ロサンゼルスにドジャース，サンフランシスコにジャイアンツが移転した。まさに，カリフォルニアがアメリカの主役になることを暗示していた。1980年代には中南米からの移民が増加し，ヒスパニック，ラティーノと呼ばれるスペイン語系が多数となる。これに呼応して大リーグの外国人選手はラテンアメリカから増加，さらに，アジアからも流入した。大リーグは観客動員，各国からの放映権料収入などビジネス面から外国人選手を必要と考えた。この傾向はバスケットボールにも拡大している。

　2017年のセントラル・フロリダ大の調査によれば，大リーグ（MLB）の人種構成は，白人57.5%，ラテン系31.9%，黒人7.7%，アジア系1.9%となる。アメリカンフットボールやバスケットボールでは黒人選手が半数以上であることで比較すると，大リーグはアメ

リカ社会をより反映しているともいえる。

2018年，ボストン，フェンウェン・ボールパークでのボストン・レッドソックスとのゲームで，ボルティモア・オリオールズのアダム・ジョーンズ外野手が差別語を受け，ピーナッツを投げられていると証言した。このこととドナルド・トランプ大統領就任は呼応していないかと考える人々もいる。

1990年代，野茂英雄に始まる，日本人メジャーガーの増加もまた，ビジネスライクな捉え方も成り立つと言える。アメリカのスポーツ・ビジネスは人種民族問題を越えて資本の論理で動く。

［三堀潔貴］

［注］
1）貴堂嘉之（2018）『移民国家アメリカの歴史』岩波書店．
2）前掲1）．
3）鈴木　透（2018）『スポーツ国家アメリカ』中公新書．

［コラム］コロナ：米国の格差浮き彫り

　新型コロナウイルスの感染者と死者が，ともに世界最悪となっている米国。中でも深刻なのは，黒人やヒスパニック系らのマイノリティーや貧困層の状況だ。背景にあるのは，米国内の深刻な格差の問題だ。ワシントンD.C.では人口の46％を占める黒人が，新型コロナの死者の約8割となっている。ニューヨーク市で公開している郵便番号ごとの感染者の人数を見ると，マンハッタンの中の感染者も，黒人らが住むハーレムなどに集中している。マイノリティーや貧困層の多いブロンクス地区は人口比でみると感染者はマンハッタンの2倍以上，死者は約3倍だ。（「朝日新聞」2020年5月5日朝刊より引用）

［三堀潔貴］

ニューヨーク市内の新型コロナウイルスの感染者数
（5月3日現在，ニューヨーク市まとめの地図）

［コラム］カナダ：多文化主義の歴史と現在

　カナダは，1971 年に「多文化主義政策」（multiculturalism）の導入を宣言した。これは，1988 年のカナダ多文化主義法（Canadian Multiculturalism Act）に結実し，民族や人種の多様性を尊重し，すべての人が平等に社会参画できる国づくりの先駆となった。

　1871 年の国勢調査では，カナダの総人口は 360 万人であった。100 年後，2,150 万人となり，この間にほぼ 930 万人が移民として到来した。そして 2011 年から 16 年まで，毎年約 25 万人の移民を受け入れ，国民の 5 人に 1 人はカナダ国外の生まれとなった。

　移民政策の転換点を概観すると，1911 年の新移民法は，アジアからの移民排斥を意識した法であり，カナダにとって「望ましくない者」に門戸を閉ざした。この「白人のカナダ」の維持を目指す移民政策は，1967 年にいわゆる「ポイント制」（移民の年齢，学歴，公用語能力，技能，カナダにおける特定職種への需要などを点数化し，点数の高い移民に入国を優先的に認める）を取り入れた移民法が導入されるまで続いた。1976 年改正，78 年に施行された移民法を基盤にした移民政策では，専門的技能や資本をもつ，いわゆる「経済移民」に加え，人道主義に基づく難民保護と家族の結合を重視した「家族移民」が優先的に入国を認められることになった。これによって「目に見えるマイノリティ（visible minority）」の増加が顕著になる。2002 年には移民・難民保護法（IRPA）が導入され，また 2008 年にはカナダ経験移民への応募が開始された。

　2016 年の国勢調査によれば，カナダの総人口 3,446 万 60 人に占める移民の割合は 21.9% で，アメリカ合衆国の 13.6% を上回る。移民の出身地別・構成比をみると，フィリピンが 15.4%，以下，インド 14.7%，中国 9.5%，イラン 6.4%，パキスタン 3.5%，米国 3.3%，英国 2.2%，フランス 1.8%，メキシコ 1.7%，韓国 1.7% の順となる（2014 年）。200 を超える民族が生活しており，エスニック・コミュニティは 100 以上。混血も進行している。

　多文化主義をとる国はカナダだけではない。そして多文化主義は，一様でもない。例えばアメリカ合衆国やオーストラリアのように，諸個人の多様な背景や属性にかかわらず 1 つのネイション（制度化がほぼ十分にいきわたり，一定の領域や伝統的居住区に居住し，独自の言語と文化を共有する，歴史的に形成されてきた共同体）に帰属し，それが政治統合の基盤となっている類型がある。これに対しカナダやベルギーなどは，支配的な多数派による単一的なネイションではなく，内部に複数のネイションを認め，共存する国家を目指す多文化主義である。

　カナダの場合，英語系とフランス語系という二言語政策を取っていることは広く知られている。この両言語は，連邦政府のすべての公的機関において「対等」であること，どちらかの言語知識があれば，国のサービスが受けられることを意味する。「二言語の枠内における」という制限がつくものの，それが実践できている点は評価されよう。ケベック州のケベコワ（Québécois）の存在が大きい。また見方によっては，二言語からなる 1 つのカナダ・ネイションに同化させる道をとったとも考えられる。しかし，多文化主義は 1 つの固定された概念ではなく，エスニック集団やエスニシティが変化すれば，それに対応していくべきなのであり，課題は大きい。

［石田素司］

5. 中南アメリカ

1. ラテンアメリカ

(1) はじめに

　日本を中心とした世界地図に見慣れていると，ラテンアメリカ（中南米，中南アメリカ）は地図の南東の遠い世界として映る。中・高校で，ラテンアメリカについて包括的に学習する機会は，社会科（地理）でも少ない。その結果，ある種の「ステレオタイプ的」なラテンアメリカ像で終わっていることが多い。歴史的な背景を踏まえて，地域の実態に迫るラテンアメリカ像を学ぶ必要がある。

(2) 大西洋世界からみると

　「三角貿易」という言葉は，歴史学習で必ず登場する。最も知られているのが，大西洋を挟んで，ヨーロッパ・アフリカ・アメリカの三大陸を結びつけたものであり，その貿易商品の中核にあったのが奴隷貿易である（図Ⅲ-5-1）。

　300余年にわたってアフリカ大陸，とくに西アフリカ地域から黒人奴隷として運び込まれた数は1千万人以上といわれている。帆船時代に，アフリカ大陸からアメリカ大陸に大西洋を横断する航海－貿易風（偏東風）を利用して赤道付近を長時間移動する航海は，運ばれる黒人奴隷にとって大変過酷な航海であり，たくさんの死者を出しつつ運ばれた。「積荷」の半分から3分の2が死んだ場合もあるが，それでも十分な利益が上がる商売であった。この300余年の歴史が，カリブ海地域やブラジルの「人種」構成に影響したであろうこと

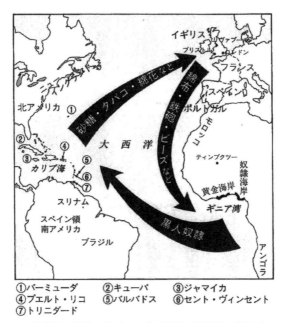

①バーミューダ　②キューバ　③ジャマイカ
④プエルト・リコ　⑤バルバドス　⑥セント・ヴィンセント
⑦トリニダード

図Ⅲ-5-1　三角貿易（川北　稔（1996）『砂糖の世界史』岩波ジュニア新書）

は想像に難くない。

　大西洋中心の世界地図から気づくことは，アフリカ大陸とアメリカ大陸が意外と近いということである。アフリカ西端のベルデ岬からブラジル北東部のレシフェまでは，2,900kmほどである。北海道の宗谷岬－東京－石垣島が約3,000kmであるから，それより近いことになる。また，大気の大循環と関わる地球規模に吹く風や海流に着目してみると，アメリカ大陸からヨーロッパへは，偏西風（メキシコ湾流から北大西洋海流）を利用し，ヨーロッパからアフリカへは，大陸沿いを南下する際に貿易風（カナリア海流）を利用すればよいことが読み取れる。アフリカからは貿易風（偏東風／北赤道海流）を利用すればよい。大西洋を時計回りに行われていた「三角貿易」がよく理解できるであろう。また，コロンブスの航海の往路と復路のルートの違いも，帆船時代ならではの，風（海流）を利用したものとなっているので，地図帳で確認したい。

(3) ラテンアメリカの「3つの場」

　中南アメリカの国々は，国によって人種・民族構成が多様である。どのような歴史的・社会的背景のもとで，多様性が生じたのであろうか。現在のラテンアメリカを理解するうえでも重要である。

　ラテンアメリカは，先住民社会のあり方，生態系の多様性，征服後の植民地支配のあり方などで様相が変わり，大きく3つに分けられる。第1は，メキシコやアンデス地域である。豊富な労働力が存在し，大規模な先住民社会が存在していたので，インディオ社会の存在を前提とした植民地社会が形成される。この地域では，征服者の支配が及ばない空間の存在とも相まってインディオ社会はむしろ残され，再生されていく。また，征服者は男性が多数であったがゆえに，先住民との混血化が進展する。メキシコはその典型である。第2は，もともと先住民社会が小規模で住民も希薄であり，鉱山をはじめとする主要な産業がなかった地域，南米南部のアルゼンチン，ウルグアイ，チリといった国々である。独立後，インディオが抹消された後に，イタリア，スペイン，ドイツや東欧などから大量の移民が導入されて白色系，ヨーロッパ的な社会が形成される。第3は，カリブ海地域である。先住民が絶滅された後に，砂糖のプランテーションの労働力として黒人奴隷が，のちにアジア系の移民が労働力として導入された地域である。また，後発のヨーロッパ列強がこの地域に入り乱れ，1804年にフランス革命の影響を受けて独立したハイチをのぞけば，多くが20世紀，しかも第二次世界大戦後に独立した地域であり，ミニ国家が多いのが特徴である。大陸諸国が1820年代から20世紀初頭に独立したのとは違う歩みをしている。

(4) 「ラテンアメリカ」とは？

　アメリカ大陸を自然地理的な意味（大地形）で2つに区分した場合は，パナマ地峡で区切って，北アメリカ（北米）と南アメリカ（南米）と分けるが，社会経済的・文化的特徴を考慮して区分した場合は，アメリカ合衆国とメキシコとの国境で区切って，「アングロアメリカ」と「ラテンアメリカ」とするのが一般的である。ただし，地域区分の際に「ラテン」「アングロ」などの民族名称が使用されていることの問題を指摘することは少ない。また，ここで区分することの問題性についても言及されない。

　「人権・民族・異文化理解といったキーワードを念頭におきつつラテンアメリカの地域

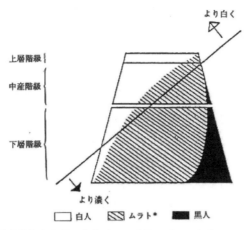

より白く

上層階級
中産階級

下層階級

より濃く

□ 白人　▨ ムラト*　■ 黒人

図III -5-2　社会階級と人種の分布（三田千代子（1995）「ラテンアメリカの人と
社会の成り立ち」中川文雄・三田千代子編『ラテンアメリカ　人と社会』新評論）

構造を考える際，まず問題とすべきは，ラテンアメリカという名称それ自体の意味内容に
ついてであろう」[1]と清水　透は述べる。1492 年のコロンブスの「発見」を契機として，
アメリカ大陸は征服者のスペイン人によって「インディアス（Indias）」と総称されるが，
1810 年代の独立の時期となると，「我々のアメリカ（Nuestras Americas）」という呼称が
使われ，独立の英雄とされるシモン・ボリバルもこの名称を使用する。独立後，19 世紀中
頃になると，独立の担い手だった支配層の知識人たちが，「自分たちのアイデンティティは
何か」を自問するようになる。北のアングロサクソン系のアメリカとは違う，西欧で後れ
を取ったスペインとも違い，当時の西欧文化の中心だったフランス文化への憧れから，自
分たちの住む地域を，「ラテンアメリカ（America Latina, Latina-merica）」と呼ぶように
なる。そこには，自分たちを取り巻く混血集団とも，「野蛮な」インディオや黒人などとも
違う存在だということが含まれている。今日でも「ラテンアメリカ文学」といった場合に，
ラテンアメリカのスペイン語，ポルトガル語，フランス語文学が含まれるが，アンデスの
ケチュア人の伝承文学など先住民の独自の文学が含まれることはまれである。

　地域名称をどのように表現するかで，支配的な文化や支配的な集団と異なる存在がある
ことを排除する危険性があることに，もっと注意を払う必要がある。

　アメリカの独立宣言は "We the people" で始まるが，"We" の中にアメリカ先住民は入っ
ていない。独立宣言では，「彼（ジョージ 3 世）は，われわれの間に国内の反乱を起こさせ，
また辺境の住民に対して，インディアン蛮族の過酷な攻撃をもたらしめた。インディアン
の戦闘法が，年齢，性別，貧富の別なく相手方を全面的に破滅せしめるものであることは
よく知られている。」として，英国国王の罪悪を述べつつ，当時の先住民を，自分たちを攻
撃する危険な敵＝ "蛮族" として捉えている。インディアン討伐を正当化する考え方が根
底にあることは，その後のアメリカ史が実証している。「すべて人間は平等につくられてい
る。すべて人間は造物主によって，だれにも譲ることのできない一定の権利を与えられて
いる。これらの権利の中には，生命，自由，そして幸福の追求が含まれる。」との格調高い
宣言で語られる「人間」には，先住民や黒人奴隷たちを含んでいない。彼らが実質的にア
メリカ市民となるのは，1964 年の公民権法以降と考えるべきであろう。アメリカの独立
宣言（1776 年）が出されてから 200 年近く，奴隷解放宣言（1863 年）が出されてから

100 年が経過している。同様の視点をもってラテンアメリカでの先住民の権利の問題を考えなければいけない。

　ブラジルの北東部のサルヴァドルでの住民の皮膚の色と社会的地位の相関関係の調査では，図Ⅲ-5-2 で示したように，社会階層が上がるにつれて，皮膚の色の白い住民の割合が増し，反対に下がるにつれて皮膚の色の濃い住民が増えることを示している。こうした状況は，多様な社会集団の中で，歴然と格差社会が残っていることを示している。マイノリティや支配された側が権利を回復していくには，不断の闘いが必要なことを物語っている。

　下記のカリフォルニア州の事例（［コラム］参照）は，メキシコとの国境で地域区分することがどのような意味を持っているかを問いかけてくる。ヒスパニック側からすれば，トランプ米大統領が，国境に壁を設けるという発想が，いかに支配者側の一方的な考え方かが分かる。「レコンキスタ」と言いたい思いは，ヒスパニック側にある。もともと自分たちの先祖の土地を暴力的に奪ったのだから。

　「「ラテンアメリカ」は，具体的な地理的空間である前に，主体を独占した西欧志向のエリートたちの価値観にもとづいて創造され仕切られた，いわば幻想空間であり，価値空間，イデオロギー空間だと言える」[2] という言葉を重く受け止めたい。

(5) 取り残された人々の叫び

　メキシコを例に述べると，メキシコ社会はもともと経済格差の大きな社会であったが，21 世紀に入って，いっそう格差が広がっている。「人口の 2% 足らずが世界の富裕層と同じレベルの豊かさを享受し，国富の 50% を独占している。一方，国民の 80% が，教育，医療，年金などのいずれかの公的サービスを受けられない貧困層に属し，そのうち 20% は食糧を十分に手に入れることができずに常に飢餓的な状態にあるとされる。その結果，2010 年のメキシコでは，総人口の 80% 近くを占める貧困層が厳しい生活を強いられている」[3]。こうした社会の亀裂が，グローバル化の進展に伴って，都市と農村の格差，都市内部での格差，取り残された先住民インディヘナたちの「生活権」「生存権」を奪う形で進行している現実がある。それに対する申し立ての 1 つが，チャパスの反乱（1994 年）であった。

　2018 年 10 月に中米ホンジュラスから始まった「移民キャラバン」が，4,500km を移動して，ティファナ（米側はサンディエゴ）に到着し，アメリカへの入国を求めた。グローバル化がもたらした「格差」が，自然発生的に民衆の共感を得て，「国境の壁」を越えて「希望」を実現しようとする巨大なエネルギーを生み出している。こうした視点を欠くと，表面的なラテンアメリカ学習で終わるであろう。

［小林　汎］

［注］
1) 清水　透（1999）「ラテンアメリカと三つの場」『現代世界をどう教えるか 1999』古今書院.
2) 前掲 1).
3) 国本伊代編著（2011）『現代メキシコを知るための 60 章』明石書店.

[コラム] カリフォルニアの「レコンキスタ」

　米国西海岸の中心都市ロスアンゼルスの地下鉄やバスの車内では，スペイン語が飛び交う。オフィスの机で働くのは白人だが，窓ふきや床掃除，地下の駐車場の管理など下働き労働者の大半が中南米から移民したヒスパニック系の人々だ。カルフォルニア州からメキシコ系移民が消えたらどうなるかを描いた映画「メキシコ人のいない日」（2004 年）は，3K 職場で働く彼らなしにはアメリカ経済は成り立たない現状を描いた。

　2015 年 6 月に米国勢調査局が発表した統計結果によると，2014 年 7 月現在のカリフォルニア州のヒスパニック人口は 1,499 万人で，白人の 1,490 万人を抜いた。今や多数派だ。かつてメキシコの領土だっただけに，「レコンキスタ（再征服）」ともいえる現象だ。メキシコからの移民が大挙して流入したのは 1980 年代だ。メキシコの債務危機がきっかけだった。94 年に北米自由貿易協定（NAFTA）が発効すると，失職したメキシコ農民が国境を越えた。つまり経済難民なのだ。

　親が不法移民でも，アメリカで生まれた子は自動的に市民権を得る。中絶を禁じたカトリック教徒がほとんどだけに，子が多い。カリフォルニア州財務局は，2060 年までにヒスパニック系は州の人口の 48% を占めると予測する。全米規模でもヒスパニック系は着実に増えている。2000 年に 3530 万人だったのが 2010 年には 550 万人，2014 年には 5,539 万人である。総人口の内訳で，すでに 2000 年にヒスパニック系は黒人を抜いた。2050 年には総人口の 3 割を占めると予測される[1]。

［小林　汎］

［注］
1) 伊藤千尋（2017）「米国のヒスパニック－カリフォルニアの「レコンキスタ」」，後藤政子・山崎圭一編著『ラテンアメリカはどこへ行く』ミネルヴァ書房.

2. 「マルチカルチュアの国」ブラジル

(1) 大きな国・ブラジル

　ブラジルは面積約852万km²（日本の約22.5倍・世界第5位），人口約2.1億人（日本の約1.7倍・世界第5位，2019年）の大きな国である。国内総生産（GDP）は世界第8位，工業出荷額も世界第9位（2017年）で，南米南部共同市場（メルコスール）の中核国・BRICSの一員として世界経済の中でも存在感を増しつつある。一方，ジニ係数（所得分配の平等度を示す指数）は53.3（日本は31.2，2017年）と高く，貧富の差においても大きな国と言わざるを得ない。

(2) 多民族・多人種のルーツを持つブラジル人

　ブラジルは多民族・多人種で形成され，多文化共生の国と言われる。先住民，16世紀以降に入植したポルトガル人，アフリカから奴隷として強制移住させられた黒人，さらにそれらの人種間の混血を基層とし，そこに19世紀後半からの南ヨーロッパ系移民や20世紀に入ってからの日本人を中心とするアジア系移民が加わっていった。いわば外からの流入によって民族が構成されていったのである。

　人種構成はヨーロッパ系48.0%，混血43.0%，アフリカ系8.0%，アジア系1.1%，先住民0.4%となっているが，地域によってその割合は大きく異なっているし，そもそもこのような分け方自体があまり意味を持たないのかもしれない。長い歴史の中でブラジル人一人ひとりのエスニックな背景は複雑になっている一方で，人口調査は自己申告なので差別や偏見から，これまで黒人や混血であることを表明することをためらう人が多かった。今日では多民族・多人種のルーツを持つ「ブラジル人」というとらえ方の方が適切であろう。

　しかし，富を独占する一部の上層階層と社会の底辺に抑え込まれた膨大な大衆層という二極構造は，まだまだ深刻なものがある。ブラジルが経済発展しても貧困層は取り残されたままであった。1985年に民政移管し，とくに今世紀になって労働者党による様々な改革が行われたことにより貧困層は減少しているが，2016年リオ五輪の際に「五輪は富裕層をさらに富ませるだけ」と五輪反対を叫ぶデモがあったことは記憶に新しい。2019年1月に誕生した極右政権が，この問題にどう立ち向かうのかが注目されるところである。

(3) 時代に翻弄された日系移民

　日本から最も遠い所であるにもかかわらず，日本とブラジルは歴史的にも経済的にも深いつながりがあるが，それは約24万人にも及ぶ日系移民の存在なしには語れない。ブラジルへの日本人移住が本格的に始まったのは，1908年の笠戸丸に乗船した791人からである。1888年奴隷制の廃止により労働力不足に陥ったブラジルのコーヒー農園は，南ヨーロッパからの移民を受け入れたが定着せず，労働力の確保が急務であった。一方，その頃の日本も国内の失業問題の解決や外貨獲得のため移民の送り出しを図ったが，すでに北米では排日運動が激化しており，新たな移住は困難な状況にあった。そのため中南米が新たな移住先として登場したが，1924年にアメリカ合衆国で新移民法が成立し同国への移住が完全に禁止になる前後からは，国策として中南米に移民が送り出されるようになった。

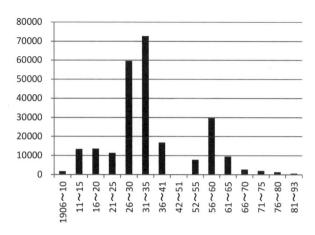

図Ⅲ-5-3　日本人のブラジルへの移民数推移（アケミ・キクムラ＝ヤノ編，小原雅代訳（2002）『アメリカ大陸日系人百科事典－写真と絵で見る日系人の歴史』明石書店の資料を元に筆者作成）

1925～34年の10年間がブラジル移民の最盛期である。1933～34年には年間2万人を超えるまでになったが，その頃すでにブラジルでも日本人の排斥運動が始まっており，入国枠が大きく制限されたことにより35年には一挙に2,849人に急減した。その後も様々な活動の制限が加えられるようになり，39年頃には夢破れて逆に帰国する移民が急増した。

　戦後になると日本では逼迫する人口問題の解決，海外在留民の再移住，炭鉱離職者の移住先としてブラジルが再び注目されるようになった。1958～62年が戦後のピークだったが，高度経済成長に突入すると逆に労働力不足になり，日本の移住熱は60年代半ばには急速に冷え込んでいった。74年に海外移住事業団は国際協力事業団（JICA）に改組され，海外青年協力隊や専門技術者の派遣を通じて日系人社会との関係を深めていく方向にシフトしていった。

　現在，ブラジルにはサンパウロ州およびパラナ州を中心に150万人を超える海外最大の日系コミュニティが形成されているが，勤勉で教育熱心な日系人のブラジル社会に果たした役割が近年ブラジル国内でも高く評価されている。リオ五輪の開会式は第二次世界大戦後初めて開会式と広島原爆の日が重なったため，広島に原爆が投下された8時15分に合わせて現地で黙祷をするという計画があった。結果的にはIOCの忖度により実現しなかったが，この背景には日系人がブラジル国内で長い間積み重ねてきた信頼があったことも否定できない。戦後渡った移民の中には被爆者もいる（図Ⅲ-5-3）。

（4）コーヒーから大豆と鉄鉱石の国へ

　ブラジルの輸出品目の変化をみると，他国にはあまり見られない特徴がある。1964年には輸出の85%が一次産品（半加工品を含めると93%が資源関連）だったのが，工業化が進んだ2000年には23%（同38%）に低下した。ところが11年にはまた48%（同62%）にまで上昇しているのである。一部の例外を除くと経済発展をしている国はそれに伴って工業製品の割合が上昇するのが通例であるが，ブラジルのこの変化は決してかつてのモノカルチュア経済に戻ったというわけではない。

　図Ⅲ-5-4はブラジルの約50年間の輸出品目の変化，図Ⅲ-5-5はそのうち農畜産物に関するグラフである。これを見ると1960年代まではコーヒーのモノカルチュアに近い国で

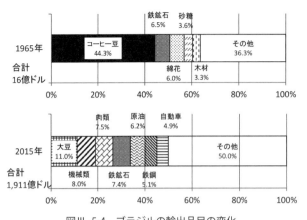

図Ⅲ-5-4　ブラジルの輸出品目の変化
（出典：『日本国勢図会 1968 年版』『世界国勢図会 2017/18』）

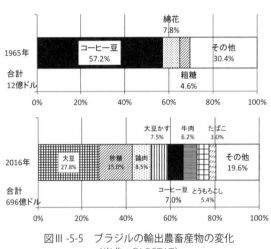

図Ⅲ-5-5　ブラジルの輸出農畜産物の変化
（出典：FAOSTAT）

あったことがわかる。日本ではこのイメージがいまだに強く，「ブラジルといえばコーヒー」と思う人が多い。表Ⅲ-5-1 に見るように，確かに今でもブラジルのコーヒー生産は生産量・輸出量ともに世界 1 位であるが，ブラジル農業自体においては輸出農畜産物中の 7％にすぎないのである。

　代わって農業の中心になったのが，大豆や肉類，サトウキビ，トウモロコシなどである。面積が広大なブラジルだが高度 1,200m 以上の山岳地帯はわずか 0.5％で，ほとんどが低地もしくは台地であり，農地は国土の約 33.2％もある。70 年代末からは不毛の地とされていたセラードが日本の援助によって開発され一大農業地域に変貌した。ここでは栽培が容易な遺伝組み換え（GMO）大豆が，穀物メジャーによって大規模に生産されている。

　ブラジルの大豆生産量の増大は世界的な需要増によるものであり，なかでも大消費国である中国が 2000 年以降輸入に転じたことが大きい。中国は今や大豆の輸入量において世界の 6 割以上を占めているが，輸入国間での争奪戦が同国の生産量急増につながっていった。大豆はたんなる食料や搾油用としてだけではなく，搾りかすは家畜の飼料にもなる。ブラジルは国家プロジェクトによる大規模機械化農業の実現，酸性土壌の改良，熱帯に適した栽培品種の改良，輸送インフラの整備などを行うことによって，生産量を増加させていった。ちなみに，GMO 作物の栽培面積（2017 年）においても，ブラジルはアメリカ合衆国に次いでいる。

　もともとブラジルの農業は，大西洋に突き出した東部（ノルデステ）のサトウキビプランテーションから始まったが，現在のサトウキビ生産はその内実をまったく異にする。ブラジルでは 1970 年代の石油危機をきっかけに，サトウキビを原料にしたエタノールの普及を図ってきた。ブラジル高原南部のかつてのコーヒー畑は 80 年代から再開発されて広大なサトウキビ畑になり，そこにはエタノール工場が併設されている。85 年には新車販売台数の 96％がすでにエタノール専燃であった。現在もガソリン・バイオ燃料のどちらでも走行できるフレックス車が普及するなど，日本では考えられないほどバイオ燃料の利用が

盛んである。しかしサトウキビに転換された畑
は，農薬や肥料の大量消費により地下水汚染な
どの環境破壊が懸念されており，環境保護と矛
盾する現象が起こっている。

　広大なブラジルは鉱産資源も豊富であるが，
表Ⅲ-5-1に見るようになかでも鉄鉱石は最も重
要な資源である。かつてはミナスジェライス州
のイタビラ鉱山が中心だったが，1967年にア
マゾン盆地南東部のカラジャス鉄山が発見され
ると，日本や世界各国が資金・技術援助を行っ
た。そして鉱山開発，鉄道港湾建設に約36億
ドルもの巨費を投じて80年代半ばから生産が
始まった。現在でもカラジャスは埋蔵量・生産

表Ⅲ-5-1　ブラジルの主な一次産品の生産量および輸出量の世界シェア（2016年）

	生産量[3]		輸出量[3]	
	%	順位	%	順位
サトウキビ[1]	41.2	1	42.6	1
コーヒー豆	29.1	1	25.5	1
大豆	32.5	2	38.2	2
トウモロコシ	8.6	3	14.8	3
牛肉	14.4	2	14.1	2
鶏肉	12.5	2	30.2	1
鉄鉱石[2]	18.4	2	24.2	2

『世界国勢図会 2019/20』による.
注：1)　輸出品は砂糖.
　　2)　2016年.
　　3)　生産量は2017年，輸出量は2016年.

量ともに世界最大級の鉄山である。イタビラおよびカラジャス鉱山を運営するヴァーレ社
（97年に国営から民営化）は鉄鉱石の世界シェアにおいてトップを誇り，他の2社ととも
に輸出の約80%を占めることから鉄鉱石三大メジャーとよばれている。しかし2019年1
月に発生した同社保有の鉱山ダム決壊事故は，深刻な被害をもたらした。安全よりコスト
削減を優先した結果だと言われており，同社の姿勢がきびしく問われている。

　鉄鉱石に隠れてあまり目立たないがブラジルは産油国でもある。リオ沖の海底油田がそ
の中心だが，近年，海岸から300km以上離れた水深数千mにある超深海油田（岩塩層の
下にあるためプレサル油田とよばれる）が発見され，国営のペトロブラス社による調査・
採掘が始まっている。相当の埋蔵量があると期待されているが，深海であるため技術的ハー
ドルや投資コストが課題となっている。ちなみに中南米ではメキシコやベネズエラが産油
国として知られるが，ブラジルは16年から両国を上回る中南米最大の産油国になった。

(5)「マルチ・カルチュア」の国・ブラジルの飛躍と今後の行方

　ブラジルは，1980年代は対外債務とハイパーインフレに見舞われて経済が混乱し「失
われた10年」といわれた。90年代に入るとレアル・プランと言われる財政の立て直しや
外資の積極的な導入による経済開放政策に転換するとともに，日伯合弁のウジミナス製鉄
所を皮切りに，政府系企業や金融機関の民営化を推進するなど積極的な経済改革を進めた。
21世紀に入るとそのブラジルの前に，急成長を続ける中国が国際経済の強力なアクターと
して登場した。中国はその旺盛な需要増で，ブラジルの主要輸出品である大豆や鉄鉱石の
一大市場になるとともに，それを反映した資源価格の高騰も加わってブラジルは大きく飛
躍し，一次産品の供給国としてふたたび世界の注目を集めるようになった。図Ⅲ-5-4にみ
るようにブラジルの輸出総額は，1965～2015年の50年間に100倍以上に伸びたので
ある。

　このように現在のブラジルは資源大国として脚光を浴びているが，他の途上国のような
モノカルチュア経済ではない。その意味で面積の広大なブラジルは，世界でも数少ない「マ
ルチ・カルチュア」の国だと表現されることもある。マルチであることは，資源国として
のブラジルの特性であり強みでもある。資源輸出は国際市況で決まる輸出価格に大きく影

響されるが，マルチであることで品目に応じた対策を取ることができるからである。大豆・サトウキビと畜産のように，シナジー（相乗）効果を期待できる分野も少なくない。

しかし農作物はもともと天候による生産量の波があり，近年は地球温暖化の影響等でその予測も大変難しくなっている。またマルチと言えども資源輸出に頼る経済は，国際的な需給や価格の暴落という危険性と常に隣り合わせである。ブラジルの場合はとくに中国経済の動向を強く受けざるを得ない。中国による需要の増加によって経済成長したブラジルであるが，逆に「中国がくしゃみをしたら風邪をひく」という心配もある。

そのようなブラジルにとって重要なのは，輸出と内需のバランスであると言われている。そのためには内需を支える国内産業の体力強化が急務である。歴史的にブラジルは輸出回廊づくりに力を注いできたため，鉄道の多くがコーヒーや鉄鉱石輸出のためのもので，国内の物流や旅客を念頭に置いていなかった。このようなインフラの整備がこれからの発展には不可欠であろう。内需を支えるブラジルの大きな強みは世界第5位の人口であり，その中心となる労働人口である。急速に姿を変えつつある年齢別人口構成の変化により，2020年頃には生産年齢人口が70%を超えると見込まれており，それが消費パワーにもつながっていくはずである。しかし人口は単に多ければいいというものではない。そのキーワードは貧困と環境ではないかと考えられる。

貧困の撲滅は，ブラジルにとって最も重要な積年の課題である。前述のようにこの四半世紀の様々な所得格差是正策により，貧困層・極貧層は数字的には減少した。中間層以上の人口が1億人を突破し，「新中間層」という概念も生まれた。しかし依然として貧富の差は大きく，とくに黒人のおかれた社会状況には厳しいものがある。この問題を軽々に述べることは控えるが，課題の1つとして教育レベルの向上が不可欠であることは多くの識者が指摘している。教育予算のGDP比率は5.9%に達し，就学率や識字率はかなり改善されてきたが，教育の質や所得層間の教育格差には依然として大きいものがあることは否定できない事実である。

かつてブラジルは80年代に軍政から民政制へと転換し，88年憲法では世界に先駆けて環境権を盛り込んだ。80年代の深刻なアマゾンの開発をめぐる問題が背景にあったからであるが，それが92年の「地球サミット」の開催につながっていった。周知のようにそこは「持続可能な開発」という理念を国際的に確認する場となった。

このことは資源大国としてのブラジルにとっても重要な理念であることは疑いようがない。地球サミットで世界の環境問題を主導したブラジルが，21世紀にBRICSの一国としてどのような道を歩んでいくのかが注視されるところであるが，貧困と環境に共通して流れる「人権」が今後のブラジルの行方を探るキーワードのように思えてならない。

［竹本　伸］

［参考文献］
・堀坂浩太郎（2012）『ブラジル―跳躍の奇跡』岩波新書.
・辰己　勝・辰己眞知子（2016）『図説　世界の地誌（改訂版）』古今書院.
・アケミ・キクムラ＝ヤノ編（2002）『アメリカ大陸日系人百科事典』明石書店.
・岡部牧夫（2002）『海を渡った日本人（日本史リブレット56）』山川出版社.
・ブラジル日本移民史料館編（2008）『目でみるブラジル日本移民の百年』風響社.

3. ペルー －観光と産業，日本との関わり

(1) 3つに区分されるペルーの自然環境

　ラテンアメリカの学習で，ペルーを扱う機会は少ないかもしれない。しかし，これまでも地理の教科書などでは，先住民の写真，マチュピチュなどの世界遺産の写真，世界の漁業生産量や銅鉱の生産量のグラフ，ペルー沖のエルニーニョなどで，ペルーが出てくる場面がある。日本とペルーは人の交流が盛んであるし，今後，ペルー産の農産物の輸入も増えそうである。ここではそういった場面を切り口にしながら，ペルーという国を取り上げてみたい。

　ペルーは，南米大陸の太平洋側，赤道より南に位置する。国のほぼ中央をアンデス山脈が海岸線と並行に走っている。国土は地形により，大きく3つに地域区分することができる。国の西側の海岸地域は，北はエクアドル，南はチリまで約2,500kmにも及ぶ帯状からなり，雨のほとんど降らない乾燥気候で砂漠が広がっている。太平洋に注ぐ河川の周辺は緑地帯で，サトウキビやアスパラガス，コメなどの灌漑農業が行われている。首都リマをはじめ，いくつかの都市が分布し，経済の中心地となっている。北海岸は石油，南海岸は銅と鉄の産地である。沖合には寒流のペルー海流が流れているため，低緯度のわりには気温が低い。ペルーの海岸地域やチリのアタカマ砂漠など，南米の西海岸の砂漠は，亜熱帯高圧帯にあり，寒流の影響を受けて大気が安定していることから，海岸に位置するにもかかわらず，雨がほとんど降らない海岸砂漠の事例としてよく扱われる地域である。リマの年平均気温は19.3℃，年降水量はわずか2.2mmである。この海岸地域に人口の約60%が居住している。

　国土の中央は，6,000m級の山々が連なる高山地域で，南部には16世紀にスペインに征服されたインカ帝国の中心地であるクスコがある。銅を中心に鉛，亜鉛，金，銀などの鉱産資源が豊富であり，先住民がリャマやアルパカなどを飼育しながら自給農業を営んでいる。高原上にあるため，気温は涼しく，適度に降水量もあり居住にも適しており，人口の30%ほどが住んでいる。アンデス山脈の高度による環境の違いと人びとの生活については，アンデス原産のジャガイモやトウモロコシとともに，地理ではよく取り上げられる題材である。

　アンデス山脈の東側の裾野からブラジルへ続く国土の東側は，アマゾン川の上流の熱帯雨林地域で，多くのアマゾン川の支流からなる平地である。1年中高温多湿で，国土面積の約2分の1を占めるが，人口は少ない。ここではコーヒーの栽培が行われ，主要な輸出品となっている。このようにペルーの自然環境は，地形の変化によって気候が異なるという特徴がある。

(2) 遺跡と観光

　ペルーは，マチュピチュやナスカの地上絵に代表される古代文明の遺跡があることで知られている。日本から約6万人の観光客がペルーを訪れており（2014年），南米ではブラジル（約8万人）に次いで多い。これらの世界遺産の写真は，教科書でも取り上げられる機会が多く，興味を持たせる導入になるだろう。

　ペルーで日本人にとくに人気の高い観光地が，マチュピチュ遺跡である。アンデス山脈

の山中，海抜 2,400m の断崖にあるマチュピチュは「空中都市」ともよばれる。山岳地域の先住民が使うケチュア語で「マチュ」は「古い，老いた」，「ピチュ」は「峰」という意味である。

　16 世紀前半，スペインによってインカ帝国が征服され，インカの都市はことごとく破壊されたが，マチュピチュは発見されることなく現代に残った。インカ帝国の滅亡から 400 年近く経った 1911 年に，アメリカの歴史学者ハイラム＝ビンガムによって発見されたが，この時は，雑草に覆われた廃墟であった。

　マチュピチュは，クスコからウルバンバ川に沿って 100km ほど下った密林のなかにあり，遺跡は標高 2,940m のマチュピチュ山と，2,690m のワイナピチュ（「若い峰」の意味）を結ぶ尾根上にまたがっている。遺跡は麓から高度差約 400m のつづら折りの道を上ったところにあるため，麓からはその姿を見ることができない。

　マチュピチュ遺跡の山の斜面には段々畑がつくられ，トウモロコシやジャガイモが栽培されていた。遺跡の都市部は，高さ 5m の石の壁に囲まれ，広場を中心にして太陽の神殿や居住区からなっている。こうしたペルーの遺跡の発掘調査は，長年，多くの日本の調査団や日本人研究者が関わってきた。ペルーは，日本のアンデス社会研究の中心的な対象国となっており，文化交流もさかんである。

（3）日本との関係，人の交流

　日本が南米で最初に国交を結んだ国がペルーであり（1873 年），ブラジルよりも早く，南米で最初の日本人移民先でもある。現在，ペルーには日系人が約 10 万人暮らしているといわれ，ブラジル，アメリカに次ぐ規模の日系人社会が形成されている。

　一方，日本の在留外国人数を見ると，ペルー人の人口が多い。これは 1989 年に出入国管理法が改正されて，日本での日系外国人の就労・滞在が認められるようになり，日系ブラジル人やペルー人の入国者が急増したためである。来日した人たちは，自動車部品工場などで働く人が多く，静岡県の浜松市や群馬県の太田市，大泉町などに集住し，それらの地域では，日本人との共生社会への取り組みが行われてきた。

　しかし，2008 年のリーマンショック後の不況で，失業した多くの日系人は帰国せざるを得なかった。最近では，ベトナムやネパールなどのアジアからの留学生や技能実習生が増加したため，在留外国人に占めるペルー人の割合は低くなっているが，家族を呼び寄せて定住している日系ペルー人も多く，現在，約 4.8 万人が日本に住んでいる（2018 年）。

（4）鉱産資源と水産資源にたよる経済

　ペルーは 1970 ～ 80 年代にかけて，軍事政権下にあり，経済危機にも見舞われたりしたが，2000 年代以降，内需の拡大と輸出向けの鉱産資源の価格の上昇などによって，高い経済成長率を記録している（2006 ～ 2015 年までの 10 年間の平均年率は 5.9％で，中南米地域でも有数）。鉱産資源は豊富で，銀（世界 2 位），銅（同 3 位），亜鉛（同 2 位），金（同 6 位）などの産出量が多い（2016 年）。しかし，ペルーは 1990 年代まで鉱害に対する法規制がなかったため，現在も鉱害対策が遅れており，廃水が河川などに流れ込んで，周辺地域に住む先住民に被害を与えるなど，深刻な社会問題となっている。

　また，ペルー沖合は水産資源も豊富で，ペルーは世界有数の漁獲量を誇っており，その

表III-5-2　ペルーの貿易（2017年）

輸出	億ドル	%	輸出	億ドル	%
銅鉱	120.0	27.1	機械類	93.6	23.5
金（非貨幣用）	71.0	16.0	自動車	37.3	9.4
野菜・果実	36.7	8.3	うち乗用車	17.4	4.4
石油製品	26.6	6.0	石油製品	30.2	7.6
銅	21.4	4.8	原油	24.7	6.2
亜鉛鉱	20.2	4.6	プラスチック	16.0	4.0
魚粉	14.8	3.3	鉄鋼	14.1	3.5
鉛鉱	10.7	2.4	金属製品	10.9	2.7
魚介類	10.4	2.4	繊維品	9.9	2.5
衣類	8.9	2.0	医薬品	8.4	2.1
合　計*	442.4	100	合　計*	397.6	100

*その他とも。
（出典）『世界国勢図会 2019/20』

多くはカタクチイワシが占めている。カタクチイワシは魚粉に加工されて輸出され，家畜や養殖の魚のエサとして利用される。しかし，カタクチイワシの漁獲量は，年によって大きく変動する特徴があった。ペルーでは，カタクチイワシの資源が枯渇するのを防ぐために，2009年から漁船ごとに漁獲高を割り当てて管理する制度を導入した。取り過ぎを防ぎ，資源を管理して利益をあげる方式に切り替えたのである。しかし最近も漁獲量が急に減少する年がある。これはペルー沖でエルニーニョ現象が発生したときに，カタクチイワシのエサが減少するためだと考えられている。

(5) 新たな農産物の生産

　ペルーの伝統的な農産物は，コーヒーやジャガイモ，コメ，サトウキビなどであるが，近年，アスパラガス，アボカド，マンゴーなどの非伝統的な新たな農産物の栽培がさかんになっており，輸出が拡大している。とくに急増しているのがアスパラガス（生鮮）とアボカドである。

　ペルーのアスパラガスの生産は，1980年代後半から1990年代にかけて拡大し始め，2000年代に入り急増し，中国に次ぐ世界有数の生産国となった。その多くはアメリカ向けに輸出されている。アメリカはアスパラガスを，自国よりも収穫時期の早いメキシコから輸入していたが，南半球に位置するペルーは，季節が逆転する利点で，アメリカやメキシコの端境期に輸出量を増やしていった。ペルーのアスパラガス栽培は，砂漠地帯を開発し，広大な畑に点滴チューブを引いた灌漑農業によって行われている。

　同じようにアボカドも2000年代に入り，生産量・輸出量が急増してきた。輸出先はヨーロッパやアメリカで，国内での消費も増加している。最近では日本を含めたアジア地域への輸出拡大をめざしている。日本では現在，アボカドの輸入先の約9割はメキシコ産であるが，2015年にペルー産の果実の輸入が解禁されたため，今後，ペルー産のアボカド，マンゴーなどが増加すると予想される。

(6) 農産品の対日輸出拡大に向けた動き

　南米各国の経済的な自立をめざした動きの1つが，地域協力態勢の整備である。現在，

2国間や多国間の協定が数多く締結され，関税の撤廃や軽減が行われるなど貿易活動が活発化している。ペルーでは，付加価値をともなう非伝統的な農産物の輸出拡大に力を入れるようになった。

　ペルーは，アジア太平洋経済協力（APEC）や環太平洋パートナーシップ協定（TPP）の参加国であり，中南米地域においても開かれた経済連合をめざし，ラテンアメリカ統合連合（ALADI）やアンデス共同体に加盟している。2009年にアメリカと自由貿易協定を結んで以降，中国や日本などアジアの国々とも次々と，自由貿易協定（FTA）や経済連携協定（EPA）を結んでいる。現在，ペルーの最大の輸出先はアメリカを抜いて中国となっている。

　日本は，ラテンアメリカではメキシコ，チリに次いで3番目にペルーとEPAを結んだ（2012年発効）。最近では，日本のスーパーマーケットなどには，メキシコ産のカボチャやアボカドなどの果物や野菜，チリ産のワインなども安い価格で並ぶようになった。今後，ペルー産のアボカドやアスパラガスなどを目にすることが増え，地理の教材としても身近になると思われる。

　また，日本の健康志向と絡んで，オメガ脂肪酸を豊富に含むサチャインチ（インカナッツ）の日本への輸出が増加しているが，今後，このような健康食材として，これまで日本ではなじみのない紫トウモロコシやキヌアなどの穀物，白カカオ，ルクマなどの果物の日本への輸出が増えるのではないかと予想される。

　ラテンアメリカでは，メキシコ，ブラジル，アルゼンチンなどに比べてペルーを扱う機会は少なかったかもしれないが，日本との歴史的なつながりが古く，今後，ますます日本との関わりが増える可能性があり，ペルーは地理の教材としてもおもしろいといえよう。

［高田和則］

［参考文献］
・在ペルー日本国大使館（2015）『ペルー概要』
・水産庁（2014）『水産白書』，第1部第1章「ペルーの状況」
・農林水産省（2017）『ペルーの農林水産業概況』
・ジェトロアジア経済研究所，ペルー情勢レポート（2013）「拡大するアボカド輸出」
・中央果実協会（2018）『世界の主要果実の生産概況　2017年版』
・ジェトロ（2018）『世界貿易投資報告　2018年版』

4．カリブ海と中米−パナマの役割，コスタリカ

(1) カリブ海地域

　カリブの名称は，小アンティル諸島の先住民カリブ族に由来する。カリブ海地域は，キューバ島，ジャマイカ島，イスパニョーラ島，プエルトリコ島からなる大アンティル諸島とその南東に弧状に連なる小アンティル諸島，西側のユカタン半島からパナマ地峡，そして南米大陸のコロンビア，ベネズエラで囲まれた部分である。バハマ諸島からトリニダード・トバコまでの島嶼部を「西インド諸島」とも呼んでいる。コロンブスの「新大陸発見」以来，黒人奴隷の労働力によるサトウキビなどのプランテーション経営が行われ，欧米列強から収奪されてきた地域である。住民構成は過去の経緯から多様であり，使用言語も英，仏，西，オランダおよびそれが民衆語化したクレオールといろいろである。

　カリブ海には現在 15 の独立国がある。最初の独立国は，フランス革命の影響を受けて 1804 年にフランスから独立したハイチであり，ラテンアメリカ最初の黒人国家である。大陸部がスペインやポルトガルから 19 世紀に独立したところが大多数なのに対して，第二次大戦後独立した「ミニ国家」が多いのも特徴的である。また，現在でもイギリスの海外領土，フランスの海外県，オランダ王国の一部などで残っているところもある。この地域が世界的に注目される理由の 1 つに，「タックス・ヘイブン（租税回避地）」（コラム参照）があげられる。

(2) パナマ−2 つに分断されていた国家−

　パナマは「パナマ運河」と結びついて，よく知られている国家である。南北アメリカ大陸の地峡部に位置しており，陸地の幅は狭い所で 50 〜 60km 程度である。国土面積は 7.6 万 km^2，北海道とほぼ同じ面積に，400 万人強（2017 年推計）の人口である。国土の中央部に，国土を分断するようにパナマ運河があり，太平洋とカリブ海（大西洋）を結んでいる。太平洋側のパナマ市首都圏とカリブ海側のコロン市圏に，人口の 6 割が集中し，国土の西部と東部の広大な熱帯密林地帯や山岳地帯は極端な過疎地域となっている。

　パナマ経済の特徴はサービス産業が基幹産業（国内総生産における産業別割合：第 1 次 2.7%，第 2 次 14.3%，第 3 次 83.0%（2016））であり，第 1 次産業の占める割合は大変低い。1980 年代前半には，ホンジュラス，コスタリカとともに中米の三大バナナ生産国としてバナナが重要な輸出商品だった時代もあったが，90 年代のパナマ病で荒廃したバナナ・プランテーションに代わって，21 世紀にはメロンやコーヒーが輸出商品として台頭している。また，パナマ経済は，構造的に輸入額が輸出額の 4 〜 7 倍に達している。

　1 人当たりの国内総生産（GDP）は，2 万 885 ドル（2015）で，中米では一番高い。ラテンアメリカではチリ（2 万 2,145 ドル）に次ぐ高さである。この間の持続的な経済成長のおかげで，世界銀行の数字によると，2006 年〜 12 年の間に国民の貧困層は総人口の 25% から 10% へと縮小している。しかし，パナマ社会の貧困問題は，所得配分の不平等性が経済成長を続けてきた間もほとんど変わらなかったことである。総人口の 12% を占める先住民社会の貧困問題は，かえって深刻さを増している。国連の人間開発部局が 2015 年にまとめたパナマの「多次元貧困」の実態を紹介した資料によると，先住民特別地区の

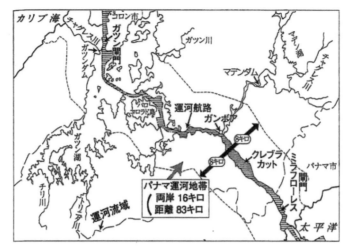

図Ⅲ-5-6　運河両岸16キロは運河地帯としてアメリカの治外法権下に
（国本伊代編著（2018）『パナマを知るための70章（第2版）』明石書店）

人口の8〜9割が極貧状態で暮らしている現実もある。

　日本の港湾では「パナマ船籍」の船を見かけることが多い。それもそのはず，日本の外航海運会社が運航する船の61.3%（2017）が「パナマ船籍」である。次いで日本船籍が9.1%，リベリア船籍が5.7%となっている。世界の船舶で見ると，第1位はパナマ船籍（17.7%），第2位がリベリア（11.3%），第3位がマーシャル諸島で10.6%となっている。

　パナマは代表的な「便宜置籍国」である。船籍を便宜置籍国に置く理由としては，船舶登録が容易かつ安価に行えること，船主となる会社をその国に設立し，その管理や解散も容易である他，外国人船員を雇うことも容易になるからである。

①パナマ運河地帯について

　パナマ運河は，スエズ運河を完成させたフランス人のレセップスが1880年に海面式運河の建設を手掛けるが失敗する。パナマ地峡の政治・軍事・経済的価値に着目したアメリカ政府は，1903年にコロンビアから地峡部をパナマ共和国として独立させ，国家プロジェクトとして運河建設を行い，1913年に完成させた。運河条約によって「運河両岸の16kmの運河地帯の主権は永久にアメリカ合衆国に与える」として治外法権下に置かれた。反米的な民族主義が高まるとアメリカは軍事力で押さえてきた歴史がある。1989年のパナマ軍事侵攻はその代表的な例である。1999年に運河地帯がパナマに返還されるまで，100年近く不平等条約のもとで，2つに分断された国家であった。

(3) コスタリカー軍隊を廃止した国ー

　コスタリカ（Costa Rica）は，東はパナマ，北はニカラグアに接している。Costa（海岸）Rica（豊かな）は，「豊かな海岸」という意味のスペイン語である。1502年にコロンブスが上陸したとき，森林が果てしなく広がり，金銀の飾りをつけた先住民を見て，ここは豊かな土地であると考えて名づけられた。

　国土面積は北海道の3分の2程度の5.1万km²，人口は495万人（2017）である。国土は山がちの地形で，中央部は3,000m級の山と高原盆地となっている。最高峰は3,821m

表Ⅲ-5-3　コスタリカの輸出額の推移および輸出品目の推移（%）

	輸出額（百万ドル）	主要輸出品目					食料品	原燃料	工業製品
1987 年	1,114	コーヒー豆 30.0	バナナ 23.9	肉類 5.5	衣類 4.0	魚介類 3.2	68.9	5.3	24.3
1999 年	6,577	機械類 40.2	バナナ 10.2	衣類 6.1	電気機械 5.6	コーヒー豆 4.9	27.4	3.9	68.4
2016 年	9,862	精密機械 19.9	バナナ 10.2	パイナップル 9.1	機械類 6.7	食用調製品 5.2	44.4	3.4	52.1

注：その他が若干ある.

二宮書店編集部編『データブック オブ・ザ・ワールド』1994 年版，2003 年版，2018 年版.

のチリポ山である。標高 1,000m 以上の山地では，海からの上昇気流により霧が発生し，「熱帯雲霧林」と呼ばれる熱帯林が広がっている。中央盆地に位置する首都サンホセは，標高 1,170m である。一時減少した森林を 1996 年に改正した「森林法」により，開発規制や植林などで 52.4%（2014 年）まで回復させている。国土の 26% を国立公園や自然保護区に指定しており，「生物多様性世界一の国」でもある。世界全体のわずか 0.03% の面積しかない国土に，全生物種の約 5% が生息している。とくに蝶類は 10% が生息すると言われている。

①コーヒーとバナナの輸出国からハイテク産品の輸出国へ

　コスタリカはバナナ・コーヒーの輸出国のイメージが強いが，牛肉と砂糖を加えた伝統的な輸出産品 4 品目の割合は 20 世紀末には 15% を割っている。かつて約 3 割が農業部門に従事していたが，現在では 1 割強である。1995 年に進出してきた半導体大手の米国インテル社の工場稼働により，ハイテク分野の工業製品の輸出が急増し，20 世紀末から 21 世紀初頭にはハイテク産品の輸出国となった（2014 年，インテル社は製造部門をアジアに移転）。

　なお，2016 年現在，バナナ生産は 241.0 万 t（世界 11 位），輸出は世界 2 位（236.5 万 t）である。近年，パイナップルの生産が伸びており，2012 年に世界一の生産国・輸出国となる。2016 年の生産量は 293.1 万 t（世界の 11.9%）で，9 割は輸出される。パイナップル産業にはデルモンテやドールなどの多国籍企業が参入している。

　2015 年の GDP に占める割合の 72.5% が第 3 次産業であり，その大部分が観光業である。観光客は，1990 年の 43.5 万人から 108.8 万人（2000），266.5 万人（2015）と増加している。エコツーリズムに代表されるコスタリカの自然の魅力がそこにはある。

②「積極的平和主義」を掲げて

　コスタリカは 1948 年の内戦のあと，1949 年に制定された現行憲法で非武装を決定した。憲法第 12 条で「常設の組織としての軍隊は，これを禁止する」と明記した。また 1983 年のモンヘ大統領の時代に永久的非武装・中立宣言を行っている。軍備を廃止したことにより，コスタリカでは民政の伝統が根づき，人権・治安情勢も他の中南米諸国よりも良好である。1986 年に発足したアリエス政権は，中央アメリカ和平に大きく貢献し，1987 年にノーベル平和賞を受賞している。2017 年の国連総会で「核兵器禁止条約」が 122 カ国

表Ⅲ-5-4　国内総生産（GDP）の産業別割合の推移（%）

	第1次	第2次	第3次
1960年	25.2	13.8	62.0
1970年	24.1	18.6	57.3
1980年	18.2	22.0	59.8
1990年	12.7	49.6	37.7
2000年	11.6	56.8	31.6
2011年	6.4	22.1	71.5
2015年	6.2	21.3	72.5

出典：国本伊代編著（2016）『コスタリカを知るための60章（第2版）』明石書店.

の賛成で可決されたが，この時の議長はコスタリカのエイレン・ホワイト大使であった。20年にわたるコスタリカの粘り強い取り組みがあったからこそである。

1人当たりGDPは世界192カ国・地域の65位（2017）と，経済的には決して豊かな国とは言えないが，英国のシンクタンクが3，4年ごとに調査・発表している「地球幸福度指数」において，コスタリカは2009年，2012年，2016年と3回連続，第1位となっている。なぜ，コスタリカは世界で最も幸福度の高い国といわれるようになったのか。そこには，「教育立国」「福祉国家」に加えて，政府主導の環境政策と平和を愛する国民性，豊かな自然と共存できる人々の暮らしがある。教育費は「国内総生産の8%を下回らないこと」が憲法で定められており，子どもの教育費も給食費も無料である。自然を大切にするコスタリカでは，電力も98%以上（2016）を再生可能資源から得ている。電力の74%は水力発電だが，近年では地熱発電や風力発電の利用も拡大している。将来的には排出される二酸化炭素をその吸収量と相殺する「カーボン・ニュートラル」を目指している。

この間，自由主義経済政策を推し進め，外国資本を誘致して農産品輸出国からハイテク産業の工業国へと変貌したが，世界の多くの国が直面している貧富の差の拡大，医療および教育水準の低迷などの問題に直面している。それに加えて隣国からの難民受け入れに伴う問題の解決が迫られている。しかし，「人権と対話」を基本し，積極的な政治参加を培ってきた国民性が，知恵を出して「小さな国」ならではの解決を模索するであろう。

［小林　汎］

［コラム］タックス・ヘイブン（租税回避地）

タックス・ヘイブンとは，一般に，「税金がない国や地域」，あるいは「税金がほとんどない国や地域」をさす。ヘイブン（haven）とは「避難港」という意味の英語である。国だけでなく，旧植民地や英王室の属領のような地域も含む。ケイマン諸島，バハマ，バミューダ，ブリティシュ・バージン・アイランドなど，カリブ海にある島のグループが1つの典型である。

ケイマン諸島という名前は，日本でもニュースに出てくるのでよく知られている。企業が何か新しい金融スキームを作ろうとするときにはほぼ必ず，ここに法人を創る。ケイマン法人を通すと，脱税・租税回避，秘密保持，政府の規制からの潜脱など，国際取引上のいろいろなメリットがあるからである。ケイマン諸島は日本の直接海外投資の仕向地の第3位となっている。この島にあるオフィスビルには，それぞれ何千という会社が存在することになっているが，いずれも看板とポストボックスのみの無人会社（ペーパーカンパニー）である[1]。

［小林　汎］

［注］
1) 志賀　櫻（2013）『タックス・ヘイブン―逃げていく税金』岩波新書.

［コラム］「プーラ・ビーダ」

　おはよう，さようなら，など日々の挨拶の際に「プーラ・ビーダ」と声をかけあう国がある。スペイン語で「純粋な人生」「清らかな生き方」という意味だ。これがコスタリカだ。この国は1949年，日本に次いで世界で2番目に平和憲法を持った。日本と違って完全に自ら創り，しかも本当に軍隊をなくした。軍艦も戦闘機も戦車もない。周囲の中南米の国々が内戦で明け暮れた時代も，この国だけは平和を維持した。

　軍隊をなくしたために浮いた軍事費の分を教育費に充てた。その際のスローガンが「兵士の数だけ教師をつくろう」だ。以来，国家予算の約30%が教育費となり，中南米では奇跡的な教育大国となった。…米国のトランプ政権が国境に壁を築き，欧州では難民を締め出そうとする時代に，コスタリカは「だれも排除しない」ことを掲げた。内戦から復興が遅れた隣国から人々が経済難民としてなだれ込んだが，すべて受け入れた。難民の子もコスタリカに住めば教育も医療も無償だ。しかも3年住めば国籍を与えた。このため400万人だった人口が500万人になった。人口の4分の1にも当たる移民を受け入れたのだ[1]。

［小林　汎］

［注］
1）伊藤千尋（2017）『凛とした小国』新日本出版社

6. オセアニア

1. オーストラリア

(1) オーストラリアの概要

　オーストラリアの国旗にユニオンジャック（イギリス国旗）が配置されていることをみてもわかるように，長らくイギリスの植民地であったため，現在でもオーストラリアはイギリス連邦を構成する一国となっている。18世紀後半，探検家クックがシドニー郊外のボタニー湾に上陸し，イギリスが領有を宣言した。オーストラリアにイギリスから人々が流入し始めたのはその後まもなくで，当初はイギリスの流刑地であった。今でも植民地時代の名残で，イギリス風の建物が街中でみられる。英語が公用語となっており，多くの国民が英語（オーストラリア方言が強い）を話すことも植民地時代の影響といえよう。

　1960年代までは貿易もイギリスを相手に行うことが多かった。しかし，イギリスが1973年にEC（ヨーロッパ共同体，現在のEUに相当する）に加盟したことを契機として，旧植民地との関係ではなくヨーロッパ諸国との関係を強化する外交政策を取るようになると，オーストラリアとイギリスとの関係は弱まった。それに代わって距離の近い東アジアと貿易が盛んに行われるようになり，とくに近年では中華人民共和国との関係を強めるようになった（図Ⅲ-6-2）。また，貿易相手のみならず輸出品にも変化がみられ，1960年代には羊毛が輸出品の中心となっていたが，近年は鉄鉱石や天然ガスなどの鉱産資源が輸出品の中心となっており，貿易の在り方が大きく変容している。

図Ⅲ-6-1　オーストラリアの主な州と都市
（海外留学推進協会（https://www.ryugaku.or.jp/australia/state_territory_city.html）より）

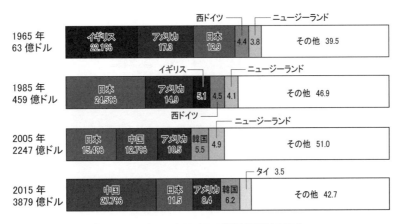

図Ⅲ-6-2　オーストラリアの貿易相手国の変化
（『新詳　資料　地理の研究』より）

（2）オーストラリアの産業と貿易

　オーストラリアは原油以外の石炭，天然ガス，鉄鉱石，ウラン，金などの鉱産資源に量・質ともに恵まれている。国内消費をしても輸出することができるほど十分に産出し，オーストラリアの輸出額の石炭や鉄鉱石が占める割合はそれぞれ15%[1] となっている。また，先端技術産業に必要とされ，精密機器等に含まれている希少金属であるレアメタルにも恵まれることにも注目したい。レアメタルは世界的に見ても資源量が少ない，あるいは技術的に使える形で取り出すのが難しい資源の総称で，偏在することが大きな特徴といえる資源である。日本国内では産出せず，ほぼ輸入に頼る。

　資源大国オーストラリアは，日本からすればものすごくうらやましい国である。事実，日本はオーストラリアに石炭や鉄鉱石など，多くの資源を依存している。オーストラリア以外の国からも輸入することは可能であるが，発展途上国から輸入する場合と比べて，オーストラリアは先進国であるため，国内の経済状況の影響を受けにくく，価格変動も少ないという特徴を有する。それゆえ，安定して資源を輸入することが可能となる。日本だけではなく，近年，資源の需要が急増した中華人民共和国も，オーストラリアの資源産出・輸出に期待する部分もあり，両国はお得意先となっている。豊富な鉱産資源によってオーストラリアの経済は支えられているという部分もあり，年によって多少の波はあるものの経済成長が続いている。

　鉄鉱石は国土の北西部に位置するピルバラ地区を中心に産出し，中華人民共和国や日本を中心とした世界の各国・地域に輸出されている。かつてはオーストラリアの輸出額に占める割合のうち日本の割合が最も多かった。依然として日本はオーストラリアから多くの鉄鉱石を輸入しているものの，近年は工業生産が盛んになったこともあり，中華人民共和国への輸出量が急増した。これらの国へ輸出するために鉱山の開発が進められ，その労働者の住宅開発なども同時に行われ，人口も増加していった。

　オーストラリアは，鉱工業だけではなく農業も盛んに行われている国である。第1次産業割合は2.6%（オーストラリア政府統計局による）と他の先進国と大きく変わらない。しかし，輸出に占める割合は多く，かつ様々な農産物を輸出している。近年は，とくに牛肉の輸出が目立っている。オージービーフ（図Ⅲ-6-3）は近年，日本でもスーパーなどでよく目にすることがあるが，日本以外へも輸出を伸ばしている。冷凍技術が確立する前は牛

図Ⅲ-6-3　オーストラリア産牛肉に示される認証マーク
（2014年に現在のデザインに変更された）

肉を鮮度の良い状態で地球上遠く離れた地域まで輸出することが難しかったが，鮮度を落とさず遠隔地まで輸送できるようになると，牛肉輸出量は増大していった。輸出し始めたころは低価格を売りにしていたが，オージービーフの認知度が高まった近年ではさらなる品質の向上を図っている。日本に輸出することを想定して，日本で好まれる柔らかい肉質となるよう品種改良をすることも珍しくないようである。冷凍牛肉に課せられている関税率も現在は高いが，今後はそれが引き下げられていく見込みとなっているため，さらに輸入が増大していくものと見込まれる。

　牛肉以外でも多岐にわたる農産物が輸出されている。オーストラリアが位置する南半球と多くの農産物の輸出国が位置している北半球で，季節が逆となる地球上の位置のメリットを生かし，輸出市場では有利に貿易をできることがこの国の農業輸出の特徴となっている。距離が遠く，鮮度を必要とするものには適さないものの，旬のものを輸出できることもあり，輸出市場では有利な状況となっている。世界の小麦輸出量の12.6%（2016年，FAOSTATによる）を占めているが，北半球で収穫が難しい端境期の輸出がとくに目立つ。

　国土の中央部は多くの地域が降水量が少なく，砂漠が広がる地域が大部分を占めるため農業には適さない土地が広がり，放牧等も含めまったく農業を行っていない地域もある。降水量が比較的多くなる沿岸部で，効率的に大規模な農業が行われている。牛や羊の放牧のほか小麦の栽培や都市近郊では野菜が栽培されており，ヨーロッパでみられるような混合農業を行う地域もある。豊富に存在する地下水を汲み上げる掘り抜き井戸を活用した農業が行われてきたが，近年では，掘り抜き井戸の酷使のために地下水が枯れている場所や，気候変動の影響で頻繁に干ばつに度々見舞われている場所があるなど，今後も安定して農業が行われるかどうかは判断しにくい。

　1989年には，ニュージーランドなど他のオセアニア諸国も東南アジアとの関係を強めていることもあり，オーストラリアが主導し，APEC（アジア太平洋経済協力会議）を作るに至った。現在では21の国・地域が参加（図Ⅲ-6-4）し，世界の貿易の5割を占めており，毎年会合が行われている。今後，貿易だけでなく経済・技術協力を現在よりも盛んに行われていくことが期待できる。他国と積極的に自由貿易を推し進めようと，EPA（経済連携協定）を締結するなどの動きがみられる。日本も他の国も含めて，TPP（環太平洋パートナーシップ協定）を締結し，オーストラリアと様々な品目で段階を踏みながら，関税率を引き下げていく予定となっている。

（3）オーストラリアで暮らす人々

　オーストラリアの人口は約2,500万人であるが，その多くは沿岸部に集中している。首

（参加エコノミー）
オーストラリア，ブルネイ，カナダ，チリ，
中国，ホンコン・チャイナ（香港），インドネシア，
日本，韓国，マレーシア，メキシコ，
ニュージーランド，パプアニューギニア，
ペルー，フィリピン，ロシア，シンガポール，
チャイニーズ・タイペイ（台湾），
タイ，米国，ベトナム，

図Ⅲ-6-4　APEC 参加国一覧
（外務省ウェブ（https://www.mofa.go.jp/mofaj/files/100011358.pdf）より）

都であるキャンベラは先住民であるアボリジニの言葉で「出会いの場所」という意味を持ち，シドニーとメルボルンの両都市の間に 1908 年から計画的に作られた。そのため円形の街路などを持っているが，政治的に作られた都市の多くがそうであるように，人口が多いというわけではない。人口が 100 万人を超える都市はシドニー，メルボルン，ブリズベン，パース，アデレードの 5 都市に限られ，以上の 5 都市で 1,500 万を超える人口を有しており，人口が極めて偏在している。同時に，都市人口と農村人口の格差も大きいといえる。

　どのような人々が暮らしているか。貿易などに限らず，オーストラリアで暮らす人々もアジアとの関係を持つことも多い。1970 年代以降，多文化主義を推し進め，アジア系の人々を中心に流入が続いている。それまで白人を中心とした国家の建設を目指す白豪主義を導入していた。また，アボリジニに対する迫害も行われ，その数は一時，激減した。

　しかし，国内産業の発展に伴って，より多くの安価な労働力を必要とするようになり，白豪主義から転換することが求められるようになった。ベトナムなどからの難民を世界でもいち早く受け入れることを表明し，ヨーロッパ以外からの移民も積極的に受け入れ始めた。以降，現在に至るまで世界各地から移民が流入するようになり，アボリジニを含む多くの民族が共生できる社会を作っていこうとしている。アボリジニの数も迫害を受ける以前の数字には戻っていないものの回復傾向がみられる。学校では国民の 15% を占めるとされている英語以外の言語の話者のための教育も盛んに行われており，テレビも英語以外の言語でも放送されているのはその影響の 1 つといえる。近年の国際情勢から，他国からの流入を制限しようとする考え方も見られないわけではないが，多様な人々が暮らす社会のモデルになるのではないだろうか。

　近年は，他民族国家を推進する弊害もある。例えば，ムスリムに対する不信感などはテロ事件などから国民の間でみられはじめ，就職などで差別的扱いを受けることもある。また，母国語で教育を受けるあまり，同じ国に住む者としての意識の共有を図ることや共通の価値観を持つことも年々困難になっているようである。国や州などは現在こうした弊害を少しでもなくすべく，大人の移住者のためのプログラムの提供など移住者に対する支援，住民が様々な文化の理解を図るための機会の充実など図っているが，今後もよりよい多文

化社会の実現に向けて不断の努力が求められる。

　近年は観光客等の受け入れにも力を入れており，ゴールドコーストなどのリゾート開発を日本の企業が行う事例も見られる。12もの登録がある世界自然遺産（2018年現在）など，豊かな自然環境を目的としてこの国を訪ねる観光客も多い。また，その逆も同様に多く，例えば日本には良質な雪を求めてスキーをしに訪れるオーストラリアからの観光客がみられる。観光客以外ではワーキングホリデーの制度を整え，受け入れも盛んに行われている。ワーキングホリデーとは，年齢の若い人々（18歳から30歳）が働きながら，その場所の文化などについて体験する仕組みのことである。その数は，期間は2年を超えるものから1年未満のものまで多岐にわたっているが，日本からだけでも年間1万人を超える数を受け入れている。日本，オーストラリアの双方で多くの人物の受け入れが進み，盛んな人的交流が行われることで両国の関係がさらにより良いものとなっていくことが期待されよう。

［井上明日香］

［注］
1）外務省ホームページ（https://www.mofa.go.jp/mofaj/area/australia/data.html）

2. 太平洋の島々

（1）太平洋の島々

　太平洋地域を表す言葉にオセアニア（Oceania 大洋州）がある。太平洋が主として海を指すのに対して，オセアニアはその海に点在する島々を指す。

　オセアニアは，大きく3つの地域に区分される。1つは日付変更線より西側で，赤道より北側の地域で，ミクロネシア（Micronesia 小さい島々）と呼ばれる。2つ目は，同じく西側だが赤道より南側の地域でメラネシア（Melanesia 黒い島々）と呼ばれる。3つ目は，日付変更線より東側の地域で，ポリネシア（Polynesia 多くの島々）とよばれている。住民は古い時期に東南アジア方面から移動してきたと考えられ，フィリピンからはミクロネシア方面へ，またニューギニアからはメラネシア方面に，そしてその流れが混合してさらにポリネシアへと拡散していった。

（2）オセアニアの国名の由来 [1]

　オセアニア：Oceania　ラテン語で大洋州／ギリシャ語の Oceanus から。

　ミクロネシア：Micronesia　ギリシャ語で，Micro（極小の）-nesia（島々）

　　ミクロネシア連邦：Micronesia　ギリシャ語で小さい島々。1986 年米信託統治領から独立。

　　パラオ共和国：Palau Belau　メラネシア語で，島／火山と珊瑚礁の島。→ベラウ

　　マーシャル諸島共和国：Marshall　マーシャル船長／東インド会社のマーシャル船長。

　　ナウル共和国：Nauru　ポリネシア語で，雨の多い，豪雨の／平坦な隆起珊瑚礁の島。

　　キリバス共和国：Kiribati　1788 年この島を探検したギルバートの名が現地風に訛った。

　メラネシア：Melanesia　ギリシャ語で，Mela（黒い）-nesia（島々）

　　パプアニューギニア独立国：Papua New Guinea　縮れ毛／パプアはマレー語で縮れ毛。

　　ソロモン諸島：Solomon　ソロモン王の故事にちなむ／1567 年スペイン人が発見。

　　バヌアツ共和国：Vanuatu　メラネシア語で，Vanua（土地）tu（重要な）

　　フィジー：Fiji　Viti Leve（大きな）島から／Viti をイギリス伝道師らが Fiji と発音。

　ポリネシア：Polynesia　ギリシャ語で，Poly（多数の）-nesia（島々）

　　ツバル：Tuvalu　Tu（1つにまとまる）Valu（8つを合わせて）／ギルバート諸島から分離。

　　サモア独立国：Samoa モア鳥の場所／Sa は冠詞。モア鳥はすでに絶滅した家禽。

　　トンガ王国：Tonga　南／1773 年と 77 年の2回クックが訪れ，Friendly 諸島と命名した島。

（3）植民地となった島々

　1521 年，マリアナ諸島のグアム島にマゼラン一行が到着した。その後，ポルトガル人がヤップに，スペイン人がパラオ，マーシャルに到着した。ヨーロッパ人はミクロネシアにキリスト教とともに，武器，梅毒，結核を持ち込んだ。1885 年，ドイツがマーシャル諸島のヤルートを占領し，翌年にはイギリスがギルバート諸島を占領したので，スペインはマリアナ諸島，カロリン諸島の領有権を宣言した。1898 年，米西戦争でスペインがア

メリカに敗れたため，フィリピンとグアムはアメリカ領となり，カロリン諸島と，グアム以外のマリアナ諸島はドイツに売却された。

　第一次世界大戦が始まると，日本はドイツに宣戦布告を行い，1914年10月，ドイツ領ミクロネシアを占領した。1919年，パリ講和条約で旧ドイツ領ミクロネシアは，国際連盟の委任統治領「南洋群島」として日本が統治することとなった。1922年，日本は南洋群島の統治本部・南洋庁をパラオ諸島のコロールに設置した。殖産を目的とし，多くの日本人がミクロネシアに移り住んだ。従事した産業は，サトウキビ栽培，真珠貝養殖，リン鉱石採掘などであった。南洋群島の日本人は，ミクロネシア人の人口を上回った。

　1937年からは「皇民化教育」が徹底され，島民の子どもたちが通う「公学校」では日の丸を掲揚し，毎朝，児童は君が代を斉唱した。さらに，児童は「私は天皇陛下の赤子です。私たちは立派な日本人になります。私たちは日本に忠誠を誓います」と朗読させられ，国家行事のたびに北を向いて「皇居遥拝」が義務づけられた。

　ミクロネシアは，第二次世界大戦の戦場となり，多くの住民が犠牲になった。第二次世界大戦後，ミクロネシアは，アメリカによる国連信託統治領となり，アメリカの軍事基地，核・ミサイルの実験場となった。

（4）アメリカの核実験と第五福竜丸事件

　1954年1月22日，23人の乗組員を乗せた第五福竜丸は焼津港からマーシャル諸島に向かい，3月1日にはビキニ環礁の東方約160kmにいた。現地時間の6時45分すぎ，強烈な閃光が西の空に広がり，水平線から火の玉が浮かび，周囲は昼間のような明るさになった。アメリカは，1954年，ビキニ環礁とエニウェトク環礁で6回の水爆実験を行った。

　第1回目が3月1日の「ブラボー」実験だった。莫大な量の珊瑚粉はストロンチウム90などが付着し，「死の灰」になり，第五福竜丸を襲った。3月14日，焼津港に戻った乗組員は急性放射能症と診断され，無線長の久保山愛吉さんは9月23日に死亡した。ビキニ被災事件は日本全国に大きなショックを与えた。その後，高知船籍を中心とした992隻の船が確認された。2016年，高知地裁に被災した漁民たちが提訴し，高松高裁で継続中である。

　アメリカの核実験に先立ち167人のビキニ環礁住民たちは，1946年にロンゲリック環礁に移住させられ，クワジェリン環礁での一時的な滞在を経て，マーシャル諸島のキリ島へ移住させられた。核実験は大量の放射性降下物を発生させ，第五福竜丸だけでなくロンゲラップ，ウティリック環礁に住む人びとが被曝した。1960年代には住民のなかに甲状腺障害が発生し，ガンや白血病でなくなる人が急増した。このことは日本やオセアニア各地で核兵器廃絶を求める市民運動の高まりにつながっていった。

　2010年，第34回ユネスコ世界委員会で，ビキニ環礁の「ブラボー・クレーター」が世界文化遺産リストに登録された。この知らせを聞いたビキニ環礁出身者たちは，自分たちの故郷の島が平和の象徴として国際社会から認められたことを誇りに感じ，大いに喜んだ。

　第五福竜丸は，東京水産大学の練習船はやぶさ丸として使用された後，1967年東京夢の島に放置された。住民の努力により，1976年，第五福竜丸展示館が完成された。

　マーシャル諸島のクワジャレイン環礁は，ICBMの着弾地となったため，住民がイバイ島へ強制移住させられた。イバイ島は人口過密となり，人びとは悪い衛生状態のもとで経

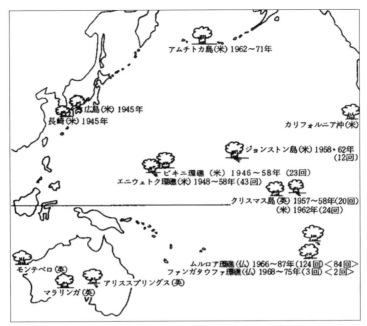

図III-6-5　太平洋での核爆発（幡多高校生ゼミナール・高知県ビキニ水爆実験被災調
査団編（1988）「ビキニの海は忘れない―核実験被災船を追う高校生たち」平和文化）

済的にも自立できない生活を強いられている。

(5) ミクロネシアの平和憲法

　日本，アメリカによる植民地支配，戦争，核戦略におびやかされてきたミクロネシアの
人びとは，非核条項を盛り込んだ憲法を制定してきた。非核憲法制定の歴史的背景は，ス
ペイン，ドイツ，日本，アメリカによる植民地支配の歴史，第二次世界大戦における日本
と連合国の激戦に巻き込まれた被害，マーシャル諸島における原水爆実験被害である。

　1979年制定のミクロネシア連邦憲法前文は，次のように謳っている。

　　海は，われらを結びつけるものであり，分割させるものではない。われらの島は，わ
　れらを支え，われらの島嶼国家は，われらを拡張し，われらをより強いものとする。こ
　れらの島に居を構えたわれらの祖先は，他民族にとって代わって住みついたものではな
　い。ここに住むわれらは，この島以外の居住地は望まない。戦争を知っているので，わ
　れらは，平和を願い，分割されたので，われらは統一を望み，支配されたので，われら
　は自由を求める。ミクロネシアは，人が筏やカヌーに乗って，海の探検に乗り出した時
　代に始まった。ミクロネシアの国は，人々が星の下に航海をした時代に誕生した，すな
　わち，われらの世界それ自体が1つの島であった。われらは，お互いに求めるもの，す
　なわち，われらの共通の人間性の中にある平和，友情，協力及び愛を，すべての国家に
　広げる。他国の保護を受けていたわれらは，この憲法により，今から永遠に，われら自
　身の島々の誇り高き守護者となるのである。

　1986年11月，アメリカとの間で自由連合協定が発効し，独立した。

　1981年制定のパラオ共和国憲法の，第13条，一般規定は次のようである。「第6節
戦争に使用することを目的とした核兵器，化学兵器，ガスもしくは生物学的兵器，原子力
発電所およびそこから生じる廃棄物のような有害物質は，この特別な問題について提起さ

れた国民投票における，投票数の 4 分の 3 以上の明白な承認がなければ，パラオの領域内において，これを使用し，実験し，貯蔵し，または処理してはならない」。ミクロネシア憲法とパラオ憲法はともに非核条項を設けたが，パラオに基地を確保することを予定していたアメリカは，パラオ憲法の非核条項や土地使用制限条項に猛烈に反発して，圧力をかけた。パラオ憲法をめぐって，住民投票が繰り返され，1994 年 10 月，アメリカと自由連合協定を結んで独立したが，非核条項は骨抜きにされた。

　1985 年 8 月 6 日，クック諸島のラロトンガで開催された南太平洋フォーラムで，南太平洋非核地帯条約（ラロトンガ条約）が採択された。これはアメリカの 56 回の核実験，フランスのムルロア環礁での約 200 回の核実験，日本の太平洋への核廃棄物投棄計画に対抗したものであった。ラロトンガ条約は 1986 年 12 月，発効した。しかし，アメリカと自由連合関係にあるミクロネシア連邦，パラオ共和国，マーシャル諸島共和国は批准していない。

(6) 気候変動問題に立ち向かうキリバスの人々

　キリバスは 1999 年まで，国内に日付変更線が通るため，2 つの日付をもつ国だった。1979 年 7 月，イギリスから独立したが，国内の時間帯は 2 つの日付に分断されたままだった。1995 年，植民地時代に決められた日付変更線を，東国境沿いにずらした。キリバス最東端のカロリン島をミレニアム島と名称変更し，世界で最初に 21 世紀を迎える島として認定を受けた。22 時間もあった国内の時差は，2 時間となった。

　太平洋島嶼地域の中で，気候変動に伴う海面上昇などの影響を受ける国がキリバスである。隣国のツバルやマーシャル諸島とともに，国土のほとんどが海抜 2 〜 3m という低い島で構成されている。地球の温暖化が進み，海面上昇が起これば深刻な状態に陥る。先進国や工業化を進める途上国に対して，温室効果ガスの排出の削減などの対策を即時に進めるよう訴えている。

［小山昌矩］

［注］
1）蟻川明男『三訂版　世界地名語源辞典』古今書院，より引用.

［コラム］トンガのカボチャ栽培と日本市場

　1988 年以降，日本の市場でトンガ産のカボチャが見られるようになった。トンガのカボチャの 100% が日本に輸出される。カボチャは，外国向けの輸出作物で，トンガ人は食べない。カボチャの栽培は，商業用に栽培するため，化学肥料や農薬を大量に使い，それまで 4 〜 5 年あった休閑時期もとらなくなった。そのため地力の低下や土壌，地下水の汚染といった問題も起こっている。カボチャブームは長く続かなかった。

　トンガ産カボチャは大幅に減少している。2008 年は 1,600 t に対して 2009 年では 4 割も減って 1,000 t にまでなってしまった。減少している理由は，①トンガでのカボチャ農家の減少，②日本の消費者の国産嗜好の高まり，③北海道産カボチャの流通時期拡大とメキシコ産カボチャの輸出時期の工夫，④トンガ産カボチャの価格－トンガのカボチャ価格は，フランス政府から補助金を受け取っているニューカレドニアより高い，などである。

［小山昌矩］

執 筆 者 一 覧 （五十音順）

飯塚　和幸	石田　素司	井上明日香	大野　新
海東　達也*	久保田嘉一	黒川　仁紀	小林　汎
小山　昌矩	近　正美	近藤　正治	笹川耕太郎*
柴田　健*	高田　和則	竹内　裕一	竹本　伸
田代　博	内藤　正典	内藤　芳宏	長谷川裕彦
松尾　良作	三堀　潔貴*	宮島　祐一	村上　慧
吉村　憲二*	吉本　健一		

＊は編集委員

書　名	**授業のための世界地理 [第 5 版]**
コード	ISBN978-4-7722-4218-9　C3037
発行日	2020 年 12 月 15 日　初版第 1 刷発行
編　者	**地理教育研究会**
	Copyright　©2020 地理教育研究会
発行者	株式会社古今書院　橋本寿資
印刷所	太平印刷社
発行所	**（株）古 今 書 院**
	〒113-0021　東京都文京区本駒込 5-16-3
電　話	03-5834-2874
F A X	03-5834-2875
U R L	http://www.kokon.co.jp/
	検印省略・Printed in Japan

◇地教研に入会して地域・日本・世界の再発見をしませんか

谷川尚哉（地理教育研究会理事長）

　東京九段，靖国神社近くの千代田区三番町に小さな事務所があります。そこが地理教育研究会の事務局のある地理教育研究所です。地教研は，フィールドワークを重視しており，地域サークル主催の現地見学や国内現地見学及び海外現地見学などにも積極的に取組んでいます。2015年には，海外現地見学としてフィリピンを訪ねました。

　フィールドワークは“地教研らしい新しい発見”があると評判です。また，北海道，東京，千葉，埼玉，神奈川，名古屋，広島，島根，鹿児島などには地教研の地域サークルがあり，フィールドワークや例会などがおこなわれています。

　会報「地理教育研究会会報」（年6回），機関誌『地理教育』（年1回）が，会員になると定期的に届きます。また，各種出版物を発行し，会員の皆さまに特別価格で販売しています。会費の面でも“お得感”のある研究会です。

　地理教育研究会というと，学校の教員だけの集まりのように思われますが，最近では地理の魅力に惹かれて，大学生や一般の方の参加もあり，市民に開かれた地理教育をめざして，幅広い活動をおこなっています。また，「日本民間教育研究団体連絡会（略称：民教連）」の加盟団体であり，歴史教育者協議会や全国民主主義教育研究会と連携して活動するとともに，日本学術会議協力学術研究団体の一員として，地理関連学会連合，地球惑星科学連合などに加盟し，学術研究団体としても活動しています。

　地教研が発足したのは1957年です。その後一時停滞期がありますが，1964年に現在の会の体制を確立し，今日に至っています。本研究会では，「戦前の地理教育には科学性が乏しく国家主義，軍国主義の政策に奉仕する場合」があったとの反省に立ち，「平和と民主主義をおしすすめる教育」をめざすことを，発足の時からの精神としています。

　2017年に設立60周年を迎えました。2021年は福島，2022年は沖縄での大会開催を準備しています。

　3・11東日本大震災・福島原発事故とその後の地域の現実は，私たちが真剣に考えなければいけない問題を鋭く提起しています。また，学習指導要領が大きく変わりました。詰め込み教育への後戻りや緒に着いたばかりの35人学級の見直しなど教育現場に様々な問題が起きています。学校現場に役立つ地理（社会科・地理教育）から教養としての地理（生涯学習）まで幅広く取組む“地教研”に是非参加して，一緒に学び・考えましょう。

◇入会希望者は郵便振替用紙に下記事項を書き込み，年会費を
　［振替00120-5-161662・地理教育研究会］に振り込んで下さい。
　＊年会費4,000円（一般）／3,000円（シルバー・学生）

・会費（　　　　年度）　　　　円　・カンパ　　　　円
・計　　　　　　　　　　円
・郵便番号，住所，氏名，所属（勤務先，在学校名），電話番号，メールアドレス
・連絡事項

地理教育研究会事務局　〒102-0075 東京都千代田区三番町24-5-601　地理教育研究所内
　　TEL & FAX03-3237-7279　　ホームページ https://www.chikyouken.com/